내 아이의 재능을 키워 주는
부모들의 특급 비밀

# 내 아이 설명서

내 아이의 재능을 키워 주는
부모들의 특급 비밀

# 내 아이 설명서

오미영 저

학지사

저자
서문

자기 분야에서 뛰어난 성취를 이뤄 낸 세계적인 스포츠 스타 김연아, 손흥민의 뒤에는 누구에게나 그 성공을 이끌었다고 평가받는 부모님이 계셨습니다. 비단 스포츠 영역만이 아닌 다른 분야에서도 자녀의 성공을 이끌어 낸 부모의 사례는 수없이 많습니다. 이런 부모의 공통점은 바로 어린 시절부터 재능을 발견해 주고 개발하여, 끊임없이 지지해 주며 이끌어 주는 훌륭한 멘토 역할로 자칫 가능성으로만 남을 수 있는 잠재력을 발현시킨 것입니다.

분당 학원가에 위치한 저희 닥터스 심리아카데미에는 문제가 있어서라기보다는 내 아이의 학업이나 육아에 관한 가이드를 받기 위해 내원하는 경우가 더 많습니다.

"우리 아이의 재능과 잠재력에 대해 객관적으로 파악하고 싶어요."

"우리 아이의 기질 및 성향 그리고 심리 상태에 대해 이해하고 싶어요."

"우리 아이에게 맞는 진로 방향 및 학습 가이드와 동기 부여 방법을 알고 싶어요."

"우리 아이에게 맞는 유치원. 초등학교. 학원을 알고 싶어요."

등 만 3세부터 중·고등학생까지 다양한 이유로 내원합니다.

아무리 적극적인 부모라 하더라도 자녀에 대해 객관적으로 파악하고, 그에 맞는 학습 및 육아 방법을 찾는 것은 어려운 일입니다. 특히 나이가 어릴수록 지능과 기질은 눈에 보이지 않는 개념이기 때문에, 항상 곁에서 관찰하는 부모라 하더라도 자녀의 잠재력을 무심코 넘어가거나 간과하는 사례를 많이 봐 왔습니다.

또한 아이들에게는 빛과 그림자처럼 강점과 약점이 공존하는데, 상대적으로 개발이 잘되어 온 영역은 강화하고 부족한 영역을 보완하게 되면, 학업과 육아에 있어서 시너지 효과는 물론 가정의 행복까지 이끌어 내는 결과를 보는 경우도 많습니다.

원석을 어떻게 가공하느냐에 따라 보석의 진가가 달라지듯이 우리 아이의 재능과 잠재력을 발견하고 개발해 주는 부모의 역할이 중요합니다. 하지만 이를 위해서는 부모 역시 교육과 훈련이 필요합니다. 또한 사람마다 얼굴과 개성이 제각기 다르듯이 아이마다의 두뇌 발달과 기질에서 차이가 나며 학업, 육아 방법 역시 획일화된 방법이 아닌 개별 맞춤형 전략이 필요합니다.

이 책은 우리 아이들의 개성만큼이나 다양한 결과를 통합적으로 해석하고, 이를 기반으로 최적의 솔루션을 제공한 유아와 아동의 사례를 담았습니다. 책에 나오는 사례는 실제로 상담했던 수많은 내용을 각색하고 편집한 가상의 사례이지만, 많은 부모님이

문의하셨던 내용을 담고 있습니다. 모쪼록 이 책이 육아와 학업
에 힘쓰는 모든 부모님께 도움이 되길 바랍니다.

# 차례
CONTENTS

# 제 2 부  아동 사례

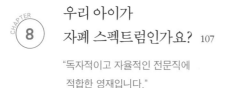

예전에는 특별한 문제가 있거나 치료가 필요할 때 심리평가나 심리상담에 찾아오는 경우가 많았지만, 최근에는 아이가 건강하게 잘 성장하고 있는지를 확인하기 위한 정기적인 건강검진처럼 내원하는 경우가 늘어났습니다. 아이들의 발달에는 다양한 변수가 존재합니다. 특히 유아나 아동은 스스로 사고하고 판단하는 능력이 아직 형성되지 않았기 때문에 좀 더 섬세하고 민감하게 관찰해야 할 필요가 있습니다.

심리평가는 전반적인 인지 발달 수준, 강점과 약점 분석, 기질과 성향 파악, 심리 상태, 대인 관계에 대해 입체적으로 분석하는 과정으로 볼 수 있습니다. 대표적인 도구로 『웩슬러 지능검사』를 들 수 있습니다. 『웩슬러 지능검사』는 국내외에서 가장 공신력 있고 대중화되어 있는 지능검사입니다. 『한국 웩슬러 유아지능검사 4판 (Korean Wechsler Preschool and Primary Scale of Intelligence-Fourth Edition: K-WPPSI-IV)』은 만 2세 6개월~7세 7개월까지의 유아에게 시행하며, 『한국 웩슬러 아동지능검사 5판(Korean Wechsler Intelligence Scale for Children-Fifth Edition: K-WISC-V)』은 만 6세 0개월~만 16세

11개월까지의 아동·청소년에게 시행할 수 있습니다.

웩슬러 지능검사는 숙련된 임상가와 아동이 일대일로 만나서 60~90분 정도 표준화된 절차에 따라 진행됩니다.

웩슬러 지능검사를 시행하게 되면 전체 지능과, ① 언어이해, ② 시공간, ③ 유동추론, ④ 작업기억, ⑤ 처리속도 지표라는 다섯 가지 세부 영역의 발달을 파악할 수 있습니다.

① 언어이해 지표는 언어적 의사소통 능력과 언어적 정보에 대한 학습 능력을 의미합니다.
② 시공간 지표는 시각적인 정보에 대한 조작 및 활용 능력으로 입체와 평면을 머릿속으로 그려 보고 유추하는 능력입니다.
③ 유동추론 지표는 비언어적 개념을 이해하고, 패턴 간 관계를 추론하는 능력을 의미합니다.
④ 작업기억 지표는 주의를 집중하고 유지하는 능력을 의미합니다. 단순히 머릿속에 정보를 일시적으로 보유하는 것을 넘어서 머릿속의 정보를 능동적으로 조작하는 능력도 포함합니다.
⑤ 처리속도 지표는 정해진 시간 내에 신속하고 정확하게 탐색하고 변별하는 능력, 시각-운동 협응 능력을 의미합니다.

웩슬러 지능검사는 단순히 결과만 기계적으로 제시하기보다 면담 내용, 행동 관찰, 수행 양상을 세심하게 관찰해서 통합적으로 결과 분석을 하는 것이 무척 중요합니다.

# 제1부
# 유아 사례

# 우리 아이가
# 발달 지연인가요?

**"낯선 환경에 적응하게 되면 진가가 나타나는
대기만성형 아이입니다."**

 성장 과정을 알려 주세요

만 5세 5개월인 윤아는 어렸을 때부터 겁이 많은 편이었어요. 낯선 사람을 보면 두려움이 컸고, 어린이집에 처음 갈 때도 엄마랑 떨어지는 것을 힘들어하여 애를 많이 먹었어요. 울면서 등원하는 날이 많았고, 처음 두세 달 정도는 놀이 시간에 엄마가 보고 싶다고 울음을 그치지 않는 날이 많았어요. 어린이집에서 새로운 반으로 바뀌거나, 나중에 유치원으로 기관을 바꿀 때도 다른 아이들보다 적응 시간이 오래 걸리는 편이었어요. 조심성이 많아서 밖에 외출할 때, 특히 사람이 많은 곳에서는 거의 말을 하지 않고 엄마 옆에만 있으려고 하는 아이예요. 하지만 집에서 부모와 힘께 있을 때는 조잘조잘 말을 잘하는 편이에요.

여름휴가 때 가족들끼리 바다에 간 적이 있었는데, 무릎까지 오는 수심에서도 바닷물을 무서워하면서 많이 울어서 모래사장에만 있었던 적이 여러 번이에요. 엄마, 아빠가 안고 물속에 들어가면 목을 끌어안고 매달려 있기만 하고, 구명조끼를 착용한 상태에서 아이의 몸을 잡아 주어도 바닷물에서 첨벙첨벙 수영하지 못하고 무서워했어요. 같이 갔던 사촌 언니는 신나서 물속에서 나오려고 하지 않았지만, 윤아는 어렸을 때부터 겁이 많은 편이었어요. 바다에서 찍은 사진을 집에 와서 다시 봤더니 우리 아이가 우는 모습이 많이 찍혀서 새삼 놀랐어요. 즐거워할 줄 알았는데, 아이 눈으로 본 바다는 아직 너무 크고 깊었나 봐요.

조용하고 차분한 아이이고, 친구들도 자기와 성향이 비슷한 소수의 친구하고만 주로 놀려고 해요. 친한 친구 두세 명과는 이야기도 잘하고, 서로 집에 놀러 가기도 하면서 사이좋게 잘 지내요. 하지만 아이들이 많이 있는 곳에서는 소심해지고 위축되는 것 같아요. 해가 져서 어두워질 때 가족끼리 집 근처 공원에 간 적이 있었는데, 엄마랑 아빠가 옆에 있었는데도 깜깜해서 유령의 집 같다고 무섭다고 하더라고요. 원래는 잘 걸어 다니는데 집에 오는 내내 업어 달라고 하고, 안 업어 주니까 보채고 칭얼거렸어요. 저녁에 재울 때도 아이가 어둠을 싫어해서 집안의 간접 조명을 아이가 깊게 잠들 때까지 켜 놓고, 아직 혼자 잠을 자게 한 적이 없어요.

아이가 잠든 줄 알고 방에서 나오면 새벽에 엄마가 안 보인다며
서럽게 울기도 해요.

 내원 사유는 무엇인가요?

예전에 시행했던 영유아 검진에서 발달 지연이 의심된다는 이야
기를 들었던 적이 있어서 항상 마음에 걸렸어요. 지금 유치원에 다
니고 있고, 유치원 선생님은 아이가 발달에 특별히 문제가 있지는
않은 것 같다고 하셨어요. 집에서 가족들과 있을 때도 또래만큼 잘
말하는 것 같아요. 유치원에서 하원 후 저녁 식사를 할 때도 계속
재잘재잘 말하고, 엄마랑 아빠 앞에서 좋아하는 애니메이션에 나
오는 노래도 잘 불러요. 하지만 새로운 환경이나 낯선 장소에서는
자발적으로 거의 말을 하지 않고, 가만히 있기만 할 때가 있어요.
다른 친구가 먼저 다가와서 이야기를 걸지 않으면 혼자서만 앉아
있더라고요. 윤아는 조심스럽게 상황을 잘 살피지만, 낯선 상황에
서는 긴장하면서 위축되는 것처럼 보여요. 이제까지 키우면서 자
기가 원하는 것을 적극적으로 드러내거나 주도적으로 행동하는 모
습은 거의 본 적이 없는 것 같아요.
　내년에 초등학교 입학 이후에 또 환경에 변화가 생기면 적응을
잘 할지 걱정이 되었어요. 언어 발달 상태도 객관적으로 알아보

고 싶었고요. 초등학교 1학년이 되면 한글 받아쓰기 같은 것도 본격적으로 해야 할 텐데, 어느 수준인지 파악해야 준비할 수 있을 것 같아요. 신체 발달은 운동신경이 좋거나 민첩하지는 않은데, 특별히 느린 것 같지도 않아요. 자전거나 킥보드를 탈 때 조심성이 많아서 빨리 달리지 않은 것이지, 균형 감각에 문제가 있지는 않다고 생각하거든요. 친구들이 씽씽 달릴 때 우리 아이만 살살 타기는 해요. 약간 용기 내면 조금 속도를 올리는 정도이고요. 그림 그리기, 블록 쌓기, 동화책 보기와 같은 정적인 활동을 더 좋아하고, 즐겁게 참여하는 것 같아요. 내년에 초등학교 입학을 앞두고 아이의 발달 상태에 대한 정확한 평가를 받아 보면 좋을 것 같아서 상담을 신청하였어요.

 재능과 잠재력을 살펴보아요

한국 웩슬러 유아지능검사 4판(K-WPPSI-IV)을 실시한 결과, 윤아의 전체 지능은 평균 수준으로 정상 발달하고 있어요. 평균 수준이라는 것은 90~109점까지의 범위이고요. 같은 나이의 아이들 100명 중 50%가 이 범위 안에 있어요. 즉, 100명 중에서 상위 25%와 하위 25%를 제외한 아이들이 평균 범위라고 볼 수 있죠.

웩슬러 지능검사에는 다섯 가지의 세부 지표가 있어요. 언어이해 지표는 평균 수준으로, 언어적 정보를 이해하고 표현하는 능력은 또래와 비슷하게 잘 크고 있어요. 새로운 환경이나 낯선 상황에서 자발적으로 대화를 시작하지 못하는 것은 인지 발달의 문제가 아니라 기질이나 성향이 조심스럽고 신중하기 때문이에요. 잠재적인 위협이 있지는 않은지 충분히 탐색해 보고 나서야 평소 말하던 대로 언어 표현이 나타날 수 있어요.

윤아는 시공간 지표가 평균 상(上) 수준으로 나타났어요. 평균 상 수준은 110~119점까지의 범위로, 상위 25% 이내이니 시공간 정보를 분석하고 통합하는 능력은 준수한 편으로 보여요. 레고로 입체적인 도형을 만들거나 퍼즐을 맞추는 상황을 떠올려 보세요. 시각적인 단서를 이용해 입체와 평면을 머릿속으로 그려 보고 유추하는 능력을 의미해요.

유동추론 지표도 평균 수준으로, 비언어적 개념을 이해하고 패턴 간 관계를 추론하는 능력도 적절해요. 기본 원리나 개념을 설명할 때 잘 알아듣고, 응용하는 것이 어렵지 않을 거예요.

윤아는 작업기억 지표도 평균 수준으로, 주의를 집중하고 유지하는 능력도 적절해요. 선생님이 수업 시간에 말씀하시는 것을 잘 듣고 순서대로 기억해서 해야 하는 상황을 떠올려 보세요. 학습하는 과정이나 일상에서 문제 해결을 할 때 필요한 능력이랍니다.

처리속도 지표도 평균 수준으로, 정해진 시간 내에 신속하고 오류 없이 반응하는 능력도 적절한 편이에요. 평상시 종이접기나 그림 그리기, 글씨 쓰기 같은 소근육 활동을 능숙하게 해내서 손이 야무지고 빠르다는 이야기를 듣는 아이들이 점수가 높게 나올 수 있어요.

 ## 마음을 이해해 보아요

윤아는 조용하고 차분한 아이에요. 평소에 화를 내거나 흥분하는 일도 거의 없고, 감정 표현이 강렬하거나 기복이 있지도 않을 거예요. 좋은 감정도 크게 표현하지 않고, 마음에 들지 않는 상황에서도 불편함을 잘 내색하지 않을 수 있어요. 수줍은 성향이기는 하지만 또래 관계에서도 친구들에 대한 관심이 많고, 친해지고 싶은 욕구가 커서 우호적이고 협조적으로 잘 지낼 수 있어요. 하지만 외향적인 편은 아니기 때문에 여러 친구와 두루두루 친한 마당발 같은 사교성은 나타나지 않을 거예요. 대신 절친한 두세 명의 친구와 깊이 있게 오래도록 친한 우정을 선호할 것 같아요.

상담을 하다 보면 아이가 내향적이기보다는 외향적이기를 원하시는 부모님들이 있으세요. 하지만 내향성과 외향성은 우열을 매길 수 없고, 사람마다 가지고 있는 개성이나 선호도로 볼 수 있어요. 윤아는 사회적 관계에 대한 민감성이 높아 다른 사람의 표정, 눈빛, 말할 때의 뉘앙스, 태도, 제스처와 같은 비언어적 단서도 잘 파악할 수 있어요. 마음이 여린 면도 있어 친구들의 사소한 거절에도 상처를 잘 받지만, 자신의 감정을 잘 표현하지 않아 겉으로 내색하지 않고 혼자서만 속상한 마음을 안고 있을 수 있어요.

윤아는 새롭고 낯선 환경에서 쉽게 긴장할 수 있어요. 그런 시기에는 가족들이 더 많은 대화와 따뜻한 격려를 해 주어야 해요. 아이가 낯선 환경에서 편안해질 때까지 부모님이 든든한 안전지대가 되어 주어야 해요. 그래야 아이가 불안하거나 두려운 마음을 버티면서 용기를 내어 도전할 수 있어요. 윤아가 자신의 기분이나 생각을 표현할 때 경청해 주고 공감해 주세요. 아이가 불편하거나 두려움 등의 감정을 호소할 때 "그게 뭐가 무서워." "친구들은 다 괜찮은데 왜 너만 그러니?"라고 반응하는 것은 적절하지 않아요.

윤아가 한 발짝씩 조심스럽게 내디디면서 새로운 것에 접근할 때 충분히 칭찬해 주세요. 점점 자신감이 커지면서 더 많은 도전을 해 볼 수 있게 된답니다. 아이가 발달하고 성장하기 위해서는 다양한 상황이나 여러 사람을 경험하는 것이 중요해요. 부모님처럼 친숙한 사람과 함께 있는 상황에서 조금씩 작은 변화를 시도해 보는 것이 좋아요. 한 번에 너무 큰 변화는 아이에게 스트레스로 작용할 수 있어요. 예를 들어, 제주도에 간다고 할 때 처음에는 비행기를 타고 처음 와 보는 곳에 여행을 왔다는 것이 아이에게 큰 도전일 수 있어요. 바다에 들어가는 것에 친숙해지고, 자유롭게 수영하는 데까지는 휴가 때마다 여러 번 가 보고 나서야 가능해질 수 있어요.

### 부모-자녀 관계를 알아보아요

윤아의 어머니는 적극적이고 감수성이 풍부하면서 새로운 것에 대해 흥미와 관심이 많은 분이었어요. 윤아가 어릴 때부터 수영장에 가거나 캠핑, 여행 등 아이에게 다양한 자극을 계속 주려고 노력해 오셨어요. 믿을 수 있는 사람과 새로운 환경을 접하다 보면 아이는 "여기는 안전해."라는 메시지를 전달받을 수 있어요. 수영장이나 바다에서 구명조끼를 입어도 물속에 들어가는 것을 무서워할 때, 어머니가 먼저 물속에서 즐겁게 수영하는 시범을 보인다면 윤아가 좀 더 빨리 경계심을 풀 수 있어요. 어머니는 아이의 반응을 민감하게 알아차리면서 공감 표현도 잘하는 분으로, 윤아의 섬세한 감정의 결을 잘 따라가실 것으로 생각되었어요. 하지만 아이가 또래보다 느리게 적응하는 상황처럼 우려가 들 때는 걱정도 커질 수 있어요. 조금 더 느긋하게 기다리는 것도 필요해요.

윤아의 아버지는 감정 기복이 크지 않고, 직면한 상황에 의연하게 대처하는 경향이 높은 분이었어요. 윤아와 어머니에게는 가족 내에서 안정감을 느낄 수 있게 해 주는 든든한 버팀목 같은 존재예요. 다른 한편으로는 감성적이지 않아 아이에게 섬세하고 민감하게 반응하는 것은 상대적으로 적었을 수 있어요. 이성적이고 현실적인 면이 강하다 보니 아이의 타고난 성향을 평가하거나 아이의 조심스러운 모습에 대해 용기가 없고 겁이 많다고 생각하는 것처럼 보였어요. 윤아는 새로운 장소, 낯선 사람, 생소한 음식 등

모든 영역에 걸쳐 적응하는 데 더 많은 시간이 필요한 아이예요. 충분히 준비되면 스스로 시도하고 도전할 수 있을 것이라는 믿음을 가지세요. 아이가 익숙해지는 시간을 존중해 주어야 하는 것을 기억해 주세요.

## SOLUTION | 솔루션

### "대기만성형 아이는 기다려 주는 것이 필요합니다."

기질적인 측면을 살펴보면, 윤아는 새로운 자극을 받아들일 때 또래의 아이들보다 시간을 더 많이 필요로 하는 유형으로 나타났습니다. 새롭고 낯선 상황에서는 일시적으로 수행력이 떨어지는 것처럼 느껴질 수 있습니다. 어린이집에서 잘 지냈어도 유치원에 가면 처음 한두 달은 적응을 버거워하고 가기 싫어할 수도 있습니다. 친구들이랑 금방 친해지지 못하고 겉도는 것처럼 보이기도 하겠지만, 걱정하실 필요는 없습니다. 결국에는 또래만큼 잘 적응할 수 있습니다. 초반에 빠르게 적응하는 유형의 아이들도 있지만, 시간이 지날수록 점점 더 수월해지는 아이도 있기 때문입니다. 기질적인 측면을 살펴보면, 윤아의 경우 후자, 즉 대기만성형에 해당한다고 볼 수 있습니다. 시간이 지나고 새롭고 낯선 환경에 적응하게 되면 진가가 점점 나타나는 아이라는 것을 잊지 마시기 바랍니다. 아이의 기질에 대해 이해하게 되면 부모도 안심이 되고 마음에 여유가 생기기 때문에, 아이가 천천히 적응하는 시간 동안 조바심을 내거나 불안해하지 않고 아이를 독촉하지도 않으며 느긋하게 기다려 줄 수 있게 될 것입니다.

## "낯선 환경에서는 조심성이 많아서 실제 잠재력보다 과소평가될 수 있습니다."

윤아는 조심성이 많아서 낯선 환경에서는 자기 이야기를 잘 하지 않고, 대답도 단답식으로만 할 수 있습니다. 그래서 지적 잠재력보다 과소평가될 가능성이 있습니다. 아이가 건강하게 정상 발달하고 있는데도 발달 지연으로 잘못 판단되는 것이 그 예가 될 수 있습니다. 특히 일대일로 오랜 시간 깊이 있게 대화하지 않는 상황에서는 윤아가 실제 똑똑한 것만큼 사람들이 잘 모를 수 있습니다. 하지만 속상해하지 않으셔도 됩니다. 윤아는 새로운 환경에 적응이 되고 낯설었던 사람이 친숙해지면, 언어 표현이 더 많아지고 정교해질 수 있는 아이입니다. 특히 우호적이고 친숙한 분위기에서 성취가 촉진될 수 있습니다. 학원을 보낼 때도 대규모 학원보다는 따뜻하고 친절한 피드백을 해 줄 수 있는 소규모 학원이 잘 어울릴 수 있습니다.

## "아이가 새로운 환경에 적응하는 과정을 잘 기다려 주는 것이 중요합니다."

윤아는 새로운 환경에서나 낯선 사람을 만났을 때 소극적인 태도가 나타나거나 움츠러드는 모습을 보일 수 있습니다. 대표적인 경우가 어린이집에서 유치원으로 갈 때 또는 유치원에서 초등학교로 갈 때처럼, 환경에서의 큰 변화가 있는 시기입니다. 친숙한 공간, 늘 보던 선생님이나 친구들과 같이 예측할 수 있었던 일상이 한꺼번에 달라지면 스트레스를 강하게 받을 수 있습니다. 평소에 혼자서 잘하던 일도 못하게 된다거나, 어린아이처럼 행동하거나, 엄마나 아빠처럼 애착 대상에게 더 의존적인 모습을 보이기도 합니다. 새롭고 낯선 환경이 실제로는 자신이 예상했던 것보다 위협적이지 않다는 것을 윤아가 직접 경험해 보는 것이 중요합니다. 낯설어서 경계했는데, 새로 만나게 된 선생님이나 친구들이 다정하고 친절하고 재미있다는 것을 알게 되는 것과 같습니다. 윤아는 친숙한 안전지대 밖의 일에 대해서는 조심스럽고 신중한 성향이 강한 아이입니다. 새로운 환경에서 작은 일이라도 용기를 갖고, 직접 한번 해 보도록 격려하는 것이 필요합니다.

| 요약 |

## 1. 성장 과정

- 어렸을 때 낯가림과 분리불안이 컸어요.
- 조용하고 차분하며, 조심성이 많은 아이예요.
- 자기와 성향이 비슷한 소수의 친구하고만 주로 놀아요.

## 2. 내원 사유

- 유치원에 다니고 있으며, 영유아 검진에서 발달 지연 의심 소견을 들었어요.
- 집에서 가족들과 있을 때는 또래와 언어 표현이 유사한 것처럼 보여요.
- 새로운 환경이나 낯선 장소에서는 자발적으로 거의 말을 하지 않아요.

## 3. 재능과 잠재력

- 전반적인 인지 발달은 정상 범위로 잘 크고 있어요.
- 새로운 환경이나 낯선 상황에서 말을 잘 하지 않는 것은 조심스럽고 신중하기 때문이에요.
- 안전한 곳인지 충분히 탐색해 보고 나서야 자발적인 언어 표현이 나타날 수 있어요.

## 4. 마음 이해하기

- 겉으로 내색하지 않고 혼자서만 속상한 마음을 안고 있을 수 있어요.

- 아이가 낯선 환경에서 편안해질 때까지 부모님이 든든한 안전지대가 되어 주셔야 해요.
- 친숙한 사람과 함께 있는 상황에서 조금씩 작은 변화를 경험하게 해 주세요.

## 5. 부모–자녀 관계

- 아이의 조심스러운 모습에 대해 용기가 없고 겁이 많다고 생각할 수 있어요.
- 새롭고 낯선 환경에서 적응하는 데 더 많은 시간이 필요한 아이예요.
- 충분히 준비되면 스스로 시도하고 도전할 수 있을 것이라는 믿음을 가지세요.

## Solution

★ 대기만성형 아이는 기다려 주는 것이 필요합니다.

★ 낯선 환경에서는 조심성이 많아서 실제 잠재력보다 과소평가될 수 있습니다.

★ 아이가 새로운 환경에 적응하는 과정을 잘 기다려 주는 것이 중요합니다.

# 우리 아이에게 틱 증상이
# 나타나는 이유가 궁금해요

**"섬세하고 민감한 성향의 아이**에게
불안이나 긴장이 상승했다는 신호입니다."

 성장 과정을 알려 주세요

만 4세 1개월인 민호는 전반적인 발달에서 느린 부분은 없었고, 말이 빠른 편이었어요. 밝고 순한 아이지만 에너지가 넘치거나 활발하지는 않았어요. 어렸을 때부터 조용하고 차분하면서 행동도 크지 않고 조심스러운 편이었어요. 호기심이 많아서 깨어 있는 시간 대부분은 궁금한 것에 대해 끊임없이 질문하고, 오늘 어린이집이나 유치원에서 있었던 이야기를 자세하게 하는 편이었어요. 아이의 이야기를 듣고 있으면 같은 반 친구들의 성향도 대략 윤곽이 그려질 정도로 구체적인 에피소드를 잘 말했어요. 우

리 부부가 맞벌이라서 민호는 돌 무렵부터 어린이집에 다니기 시작했어요.

다행히 국공립 어린이집을 다닐 수 있게 되어서 3년 동안 다녔고, 처음에 갈 때 낯가림이나 분리불안이 있기는 했지만 한두 달 정도 적응 기간이 지나고 나서는 울고 보채는 횟수가 점차 줄어들었어요. 어린이집에 익숙해지고 나서는 친구들을 좋아하면서 잘 지냈고, 선생님들로부터 얌전한 아이라는 이야기를 주로 들었어요. 친구들 사이에서 존재감이 있거나 눈에 확 띄지는 않았지만, 친구와 부딪히는 일이 적고 양보와 배려를 잘하는 아이라는 이야기를 많이 들었어요.

최근 3년간 다녔던 어린이집을 수료할 무렵 새로운 지역으로 이사를 오게 되면서 환경에 많은 변화가 생겼어요. 일단 사는 동네가 달라지고, 어린이집에 다니는 내내 친하게 지내면서 서로 집에 초대하고 아파트 단지 내 놀이터에서 자주 놀던 친한 친구들도 이제는 거의 보지 못하게 되었어요. 이사 올 무렵 입학한 유치원은 사립 유치원이고, 시설도 좋고, 선생님들도 친절하세요. 하지만 아무래도 낯설기도 하고, 사는 집도 달라지고, 많은 변화가 있다 보니 아이가 시무룩하고 힘들어하는 것 같았어요. 유치원에 갈 때 자기가 입고 싶은 옷을 입어야 한다며 공룡 티셔츠만 고집하고, 작년에 신던 운동화가 작아져서 더 큰 새 운동화를 사 주었는데 예전에 신던 것을 가져오라고 떼를 쓰기도 해요.

 내원 사유는 무엇인가요?

이사 온 이후부터 아침에 엄마, 아빠와 분리될 때 울면서 매달릴 때가 많아요. 새로운 유치원은 다양한 놀이 활동과 체험 학습을 제공하는, 객관적으로 괜찮은 곳처럼 보여요. 입학 전에 설명회를 들으러 갔을 때 주변의 다른 유치원들과 꼼꼼하게 비교하고, 넓고 쾌적한 시설에 커리큘럼도 잘되어 있어서 결정한 곳이거든요. 하지만 민호는 아직 유치원에 적응하지 못한 상태예요. 선생님들은 아이에게 잘해 주시지만 아무래도 환경이 낯설기도 하고, 같은 어린이집에 3년 동안 다니면서 친하게 지냈던 단짝 친구들 같은 또래를 아직 사귀지 못해서 또래의 놀이에 선뜻 다가가지 못하는 것 같아요.

어린이집에 다닐 때는 오후 5시까지도 잘 있었는데, 지금은 점심 식사 후 집에 가고 싶다고 우는 일이 며칠에 한 번씩은 있다고 들었어요. 유치원에서 하원한 이후에는 엄마 껌딱지라고 해도 될 만큼 지나칠 정도로 엄마 옆에만 있으려고 해요. 집에 오면 식사 준비나 세탁한 옷 정리처럼 그날에 해야 할 집안일이 있는데, 그런 일들도 제대로 하지 못할 정도로 떨어지지 않으려고 하고 보채거나 짜증을 내는 일이 많아졌어요. 아빠는 늦게 퇴근하니까 아이 돌보는 것을 저녁에 주로 엄마가 하는데, 일하고 오면 피곤하고 아이의 요구를 다 들어 주기 어려우니까 나중에는 야단치거나 혼을 내기도 했어요.

그러다가 최근에 눈을 깜박이는 틱 증상을 보여서 처음에는 안과에 있어요. 혹시 눈 안에 이물질이 들어가거나 염증이 생긴 것인지 진료 때 물어봤거든요. 안과에서 치료할 만한 문제는 보이지 않는다고 들었어요. 그런데 틱 증상이 사라지지 않으니까 인터넷으로 검색도 하고 육아 서적도 찾아봤어요. 아이가 눈을 깜박이는 것을 무시하고 모르는 척하는 것이 나을 수 있다는 말이 많더라고요. 이번 기회에 우리 아이의 기질이나 마음을 이해해 보고 싶어서 상담을 신청했어요. 앞으로의 육아 방향, 아이를 대할 때 부모가 어떤 태도를 가져야 할지 도움을 받고 싶어요.

 ## 재능과 잠재력을 살펴보아요

한국 웩슬러 유아지능검사 4판(K-WPPSI-IV)을 실시한 결과, 민호의 전체 지능은 평균 수준으로 정상 발달하고 있어요. 평균 수준이라는 것은 90~109점까지의 범위이고요. 같은 나이의 아이들 100명 중 50%가 이 범위 안에 있어요. 즉, 100명 중에서 상위 25%와 하위 25%를 제외한 아이들이 평균 범위라고 볼 수 있죠.

웩슬러 지능검사에는 다섯 가지 세부 지표가 있어요. 민호는 언어이해 지표가 우수 수준으로, 언어적 의사소통 능력과 언어적 정보에 대한 학습 능력이 높게 나타났어요. 우수 수준은 120~129점까지의 범위로, 상위 10% 이내의 뛰어난 발달을 보인다는 의미예요. 아이가 어렸을 때부터 호기심이 많아서 깨어 있는 시간 대부분은 궁금한 것을 끊임없이 질문하고, 어린이집이나 유치원에서 최근에 있었던 이야기를 구체적으로 생생하게 설명할 수 있다는 보고와도 일치하는 결과이지요.

시공간 지표는 평균 수준에 해당하여 시각적인 정보에 대한 조작 및 활용 능력, 시공간 추론 능력도 적절해 보여요. 레고로 입체적인 도형을 만들거나 퍼즐을 맞추는 상황을 떠올려 보면 돼요. 시각적인 단서를 이용해 입체와 평면을 머릿속으로 그려 보고 유추하는 능력을 의미해요.

유동추론 능력은 평균 상(上) 수준인데요. 평균 상 수준은 110~119점까지의 범위로, 상위 25% 이내를 말해요. 즉, 비언어적 개념을 이해하고, 패턴 간 관계를 추론하는 능력도 준수한 편이에요. 기본 원리나 개념을 설명할 때 잘 알아듣고, 응용하는 것을 수월하게 할 수 있는 아이 같아요.

민호는 작업기억 지표가 평균 수준으로 나타나 주의를 집중하고 유지하는 능력은 적절해요. 단순히 머릿속에 정보를 일시적으로 보유하는 것을 넘어서, 머릿속의 정보를 능동적으로 조작하는 능력도 포함돼요. 선생님이 수업 시간에 말씀하시는 것을 잘 듣고 순서대로 기억해야 하는 상황에서 필요한 능력이에요.

처리속도 지표는 평균 하(下) 수준으로, 정해진 시간 내에 신속하고 오류 없이 반응하는 능력, 시각-운동 협응 능력이 약간 부족한 편으로 나타났어요. 평균 하 수준은 80~89점까지의 범위로,

하위 25% 이내라는 깃을 의미해요. 서리속도 영역이 낮다는 것은 몇 가지 가능성이 있어요. 일단 아이가 평가 상황에서 긴장을 많이 해서 효율이 낮아진 것일 수 있어요. 꼼꼼하게 하려다 보니 정해진 시간 내에 민첩하게 과제를 수행하는 게 조금 어려워 보여요. 또 다른 이유는 현재 아이가 정서적 안정감이 부족한 상태예요. 인지와 정서는 서로 독립되어 있다기보다 유기적으로 연결되어 있거든요. 그래서 평소보다 짜증이 많고 불안이 커져 있을 때는 잠재 능력보다 낮게 나올 수 있어요. 기분이 회복된 상태에서는 지금보다 제시된 정보를 처리하는 속도가 높아질 가능성도 있어요.

 마음을 이해해 보아요

민호는 발달 단계상 아직 미취학의 어린아이이고, 기질적으로 섬세하고 예민한 편으로 보여요. 다른 사람들은 잘 알아채지 못하는 사소한 자극이나 변화도 민감하게 느낄 수 있어요. 하물며 최근에 민호를 둘러싼 환경에 급격한 변화가 생겼어요. 엄마, 아빠 외에는 모든 게 다 바뀌었죠. 사는 집, 어린이집, 매일 만나던 선생님과 친구들, 종종 놀던 아파트 단지 내 놀이터처럼 익숙하던 자극들이 한꺼번에 달라졌어요. 민호는 낯선 사람을 만나거나 처음 해 보는 놀이나 활동을 시도하는 것을 힘들어하는 유형의 아이예요. 조

심성이 많고, 경계심도 큰 편이거든요. 얼마나 긴장되고 불안하겠어요. 새로운 환경은 민호에게 강한 스트레스가 될 수 있어요. 변화에 적응하여 안심하게 될 때까지는 두려운 마음이 클 거예요.

민호는 익숙하고 안전한 환경을 선호하는 아이예요. 조심성이 많으면서 무모하거나 충동적인 행동을 할 때가 많지 않아 위험에 노출되는 것도 적고, 잘 다치지도 않을 거예요. 새로운 유치원이 넓고 쾌적하면서 다양한 놀이 활동과 체험 학습을 제공하는 양질의 교육 기관이라는 것도 물론 중요해요. 하지만 민호는 아직 모든 변화가 생소하고 겁나기 때문에 불편함을 느낄 수 있다는 것을 수용해 주고, 아이의 감정을 잘 살펴 공감해 주는 것이 필요해요. 아이가 평소보다 더 엄마 껌딱지가 되었다는 것은 불안을 느끼고 있다는 신호로 여겨야 해요. 아직 민호는 새로운 환경을 적극적으로 탐색하거나 유치원 같은 반 또래에게 다가갈 준비가 안 되어 있는 상태예요. 소심하고 소극적이라고 답답하게 생각하기보다는 신중하고 조심성이 많다고 여길 필요가 있어요.

 부모−자녀 관계를 알아보아요

민호의 부모님 모두 아이와 기질적 성향에서 유사한 측면이 있었어요. 민호의 어머니는 활발하고 분주할 때보다 여유롭고 차분한 상황에서 편안함을 느끼는 경향이 나타났어요. 꼼꼼하고 신중하면서 자신이 맡은 역할에 대한 책임감도 강하고, 침착한 분이었어요. 체계적이고 정확성이 필요한 업무나 직업에서 진가가 드러나는 분처럼 보였어요. 하지만 급박하게 처리해야 할 일이 있거나 동시에 다양한 업무를 해야 하는 경우, 심리적 압박감이 강할 수 있어요. 최근에 새로운 지역으로 이사 준비를 하면서 평소에 해 오던 일에 추가해서 챙겨야 할 것이 많이 늘어나서 몸과 마음이 상당히 지쳐 있었어요. 충분한 휴식 없이 몇 달을 보내면서 에너지가 고갈되고, 피곤함이 큰 상태였어요.

민호의 아버지는 매사에 조심스럽고 사려 깊어 다른 사람들이 흔히 지나칠 수 있는 문제들도 미리 살피는 분이었어요. 걱정이 지나쳐서 사소한 일에 대해서도 염려하는 편인데, 최근에 여러 변화가 생기면서 감정이 날카로워진 것처럼 보였어요. 아이가 보이는 문제라고 여겨지는 행동에 대해 바로잡아 주어야 한다고 생각해서 엄격하게 훈육하셨어요. 하지만 민호가 틱 증상을 보이게 되니 육아 방향에 대해 한번 점검해 볼 필요가 있다는 생각이 드셨네요. 어떤 방향으로 이끌어 주는 것이 우리 아이를 위한 길인지 고민하게 된 것은 오히려 민호를 이해할 수 있는 좋은 계기가 될 수 있어요.

## SOLUTION | 솔루션

"틱 증상은 섬세하고 민감한 성향의 아이에게 불안이나 긴장이
상승했다는 신호입니다."

틱은 의도하지 않은 상황에서 몸의 일부 근육이 빠르게 수축하는 현상입니다.
자라면서 한두 가지 틱 증상이 나타나는 아이들은 많습니다. 우리 뇌는 매 순간
발생하는 불필요한 뇌파가 실제 근육 활동으로 이어지지 않도록 막아 주는 부위
가 있으며, 수많은 감각 정보 중 중요한 감각 정보만 통과하도록 여과하는 장치
가 있습니다. 두뇌의 해당 영역이 아직 성숙해지지 못한 경우에 틱 증상이 나타
날 수 있습니다. 스트레스가 틱 증상의 원인은 아니지만, 틱 증상의 빈도나 강도
에는 영향을 미치게 됩니다. 일시적인 틱 증상은 내적 불안이나 긴장이 높아지
는 상황에서 앞으로도 발생할 수 있습니다. 섬세하고 민감한 성향의 아동이 성
장하는 과정에서 나타날 수 있는 모습이나 틱 증상이 보이는 경우, 겉으로 표현
하지 못한 스트레스가 존재한다는 신호로 감지하실 필요가 있습니다.


"아이가 불안할 때는 변화를 받아들이기 어렵습니다."

무엇보다 민호에게 지금은 커다란 변화의 시간입니다. 이런 변화의 상황에 빨
리 적응하는 아이도 있지만, 적응에 시간이 걸리는 아이도 있습니다. 무엇보다
이런 상황에서는 아이가 불안해지기 쉽습니다. 변화는 아이의 불안감을 유발합
니다. 아이가 등원할 때 같은 옷이나 예전에 신던 신발을 고집하는 것은, 자기가

바라지 않는 것이라면 이제는 아무리 작은 변화라도 더 이상 받아들이고 싶지 않다는 마음의 표현처럼 보입니다. 불안할 때는 생각을 유연하게 바꾸기가 어렵습니다. 지금은 아이의 두려움을 이해하고 공감하여 아이가 변화에 적응하도록 돕는 것이 우선입니다. 아이의 고집 이면에는 불안이 자리하고 있는데, 자꾸 야단을 치게 되면 더 불안해져서 고집이 점점 더 강해질 수 있습니다.

## "낯선 환경을 충분히 탐색하고 안심하게 되면 잘 적응할 수 있습니다."

민호가 낯선 환경에서 두려움을 느낄 때는 아이를 안정시키는 것이 선행되어야 합니다. 야단을 치거나 화를 내면 아이가 느끼는 불안을 조절하기가 더 어려워집니다. 평소보다 더 자주 안아 주고 토닥여 주면서 아이의 감정을 충분히 수용해 주어야 합니다. 낯선 자극이 처음에는 스트레스가 되기는 하지만, 앞으로 아이가 발달하고 성장할 때 환경의 변화는 경험할 수밖에 없습니다. 불안한 아이에게 필요한 것은 바로 부모의 안정적인 태도입니다. 부모가 보여 주는 안정감이 아이에게 내면화되면 아이의 불안이 점점 줄어들게 됩니다. 민호는 낯선 환경에서 새로운 자극을 충분히 탐색하고 안심하게 되면 잘 적응할 수 있는 아이입니다. 그리고 틱 증상도 자연스럽게 좋아질 수 있습니다.

## 1. 성장 과정

- 어렸을 때부터 조용하고 차분하면서 조심스러운 편이었어요.
- 같은 어린이집에 3년 동안 다녔고, 양보와 배려를 잘한다는 말을 들었어요.
- 최근 어린이집을 수료할 무렵 새로운 지역으로 이사하고, 유치원에 입학했어요.

## 2. 내원 사유

- 이사 온 이후부터 부모와 잘 분리되지 못하고, 유치원에 적응하기 힘들어해요.
- 집에서 보채거나 짜증을 내는 일이 많아졌어요.
- 최근에 눈을 깜박이는 틱 증상이 관찰되고 있어요.

## 3. 재능과 잠재력

- 언어적 의사소통 능력과 언어적 정보에 대한 학습 능력이 뛰어난 아이예요.
- 기본 원리나 개념을 설명할 때 잘 알아듣고, 응용하는 것을 수월하게 할 수 있어요.
- 정해진 시간 내에 민첩하게 과제를 수행하는 게 조금 어려워 보여요.

## 4. 마음 이해하기

- 기질적으로 섬세하고 예민한 성향의 아이예요.
- 조심성과 경계심이 많아 새로운 환경이 강한 스트레스가 될 수 있어요.
- 불안과 긴장이 상승한 모습이 나타나요.

## 5. 부모-자녀 관계

- 부모님 두 분 모두 현재 지치고 몸과 마음이 소진된 상태로 보여요.
- 최근 수개월 동안 충분한 휴식 없이 지내면서 에너지가 고갈되고 피곤함이 클 것 같아요.
- 아이가 평소보다 까다로워질 때 엄격하게만 훈육하기보다 근본적인 원인을 살펴보세요.

### Solution

★ 틱 증상은 섬세하고 민감한 성향의 아이에게 불안이나 긴장이 상승했다는 신호입니다.

★ 아이가 불안할 때는 변화를 받아들이기 어렵습니다.

★ 낯선 환경을 충분히 탐색하고 안심하게 되면 잘 적응할 수 있습니다.

# CHAPTER 3

# 우리 아이의 유치원 선택,
# 어떤 곳이 좋을까요?

"다양한 놀이 자극을 주면서
__정서 발달을 촉진하는 기관__을 추천합니다."

 성장 과정을 알려 주세요

만 4세 3개월인 성준이는 태어나서 세 돌까지 통잠을 자지 못했어요. 아기 침대에 눕히면, 등이 닿기만 해도 짜증을 내면서 큰 소리로 울어서 깊이 잠들 때까지 안아 재웠어요. 다른 아이들은 백일이나 돌 이후부터는 밤에 한 번 잠들면 아침까지 쭉 이어서 잔다고 하던데, 그런 이야기를 들으면 너무 신기했어요. 우리 아이는 오감이 모두 민감한 편이었어요. 음식의 맛이나 냄새, 질감에도 호불호가 분명해서 편식도 심했고, 싫어하는 음식은 어르고 달래서 한 입 줘도 삼키지도 않았어요. 지하철이나 버스 경적 같은 소음, 드라이기 소리와 같은 일상적인 소음에도 귀를 막는 행동을 보였고요.

친구들 모임이나 명절 때 친척들이 많이 모이면 아이가 계속 보채면서 밖에 나가자고 해서, 사람들이 집에 돌아갈 때까지 아이를 데리고 산책하다 들어오기도 했었어요. 타고난 성향이 까다롭고 예민하다는 생각이 들어요. 같은 상황에서도 또래보다 더 스트레스를 받고 불편해한다는 생각이 들거든요. 단어나 문장으로 말하는 것은 또래 아이들이랑 비슷하거나 더 빠른 편이었다고 기억해요. 걷거나 뛰거나 유아용 자전거를 타는 것은 곧잘 했어요. 행동이 큰 편이어서 좀 크고 나서는 사람이 많은 장소에서 뛰어다니거나 높은 데 올라가서 혹시라도 다칠까 봐 늘 아이를 따라다녔던 것 같아요.

 내원 사유는 무엇인가요?

어릴 때부터 집에서 책을 많이 읽어 줬어요. 지금 한글도 읽고 쓰기 시작하고, 간단한 영어 문장도 읽고 말할 수 있어요. 어린이집은 코로나 시기라 등록은 했지만 제대로 다니지 못했고, 주로 가정 보육을 했어요. 엄마랑 아빠 모두 아이의 교육에 관심이 많아서 5세부터 학습을 많이 시켰어요. 유치원도 놀이식보다는 학습 위주의 기관으로 선택하였고, 유치원에서 하원한 이후나 주말에도 집에서 엄마와 함께 학습지를 했어요. 처음에는 아이도 좋아하고 잘 따라오는 것 같아서 더 시켰던 것 같아요. 언젠가부터 성준이가 평소보다 말수도 적어지고, 사소한 일에도 짜증을 내고, 엄마가 말을 해도 일부러 반대로 하는 모습이 나타났어요.

유치원에서도 수업 중에 산만한 행동을 하거나, 선생님이 물어보는 말에 대답을 안 한다는 피드백을 받을 때가 많아졌어요. 집에 와서도 부모에게 혼나면 자기 머리를 때리거나 소리를 지르고 책이나 장난감들을 던져서 이대로 두면 안 될 것 같아 내원했어요. 유치원을 바꿔야 하는지, 집에서 아이 육아를 지금의 방식과 다르게 해야 하는지 걱정이 많아졌거든요. 아이를 잘 키우고 싶어서 나름대로 애썼던 것인데, 요즘은 길을 잃어버린 것 같고 막막하다는 느낌이 들어요.

 ## 재능과 잠재력을 살펴보아요

한국 웩슬러 유아지능검사 4판(K-WPPSI-IV)을 실시한 결과, 성준이의 전체 지능은 평균 하(下) 수준으로 나타났어요. 평균 하 수준은 80~89점까지의 범위로, 하위 25% 이내라는 것을 의미해요.

웩슬러 지능검사에는 다섯 가지 세부 지표가 있어요. 언어이해 지표는 평균 수준에 해당하여 상식, 언어적인 정보에 대한 학습은 적절하게 이루어지고 있는 것으로 보여요. 평균 수준이라는 것은 90~109점까지의 범위이고요. 같은 나이의 아이들 100명 중 50%가 이 범위 안에 있어요. 즉, 100명 중에서 상위 25%와 하위 25%를 제외한 아이들이 평균 범위라고 볼 수 있죠. 가정 내에서 효과적으로 언어적인 학습을 할 수 있도록 어려서부터 다양한 교육적 경험을 제공하였던 것 같아요.

시공간 지표는 평균 수준에 해당하여 시각적인 정보에 대한 조작 및 활용 능력, 시공간 추론 능력도 적절해 보여요. 레고로 입체적인 도형을 만들거나 퍼즐을 맞추는 상황을 떠올려 보면 돼요. 시각적인 단서를 이용해 입체와 평면을 머릿속으로 그려 보고 유추하는 능력을 의미해요.

유동추론 능력도 평균 수준이었어요. 비언어적 개념을 이해하고, 패턴 간 관계를 추론하는 능력이 적절하여 기본 원리나 개념을 설명할 때 잘 알아듣고, 응용하는 것을 어렵지 않게 할 수 있는 아이 같아요.

언어 영역과 비언어 영역의 발달을 고려해 보면, 성준이의 지적 잠재력은 또래와 유사해 보여요. 이와 대조적으로 인지 효율성은 낮게 나왔어요. 인지 효율성은 작업기억 지표와 처리속도 지표의 점수로 평가해요. 성준이는 작업기억 지표가 낮은 수준으로, 주의를 집중하고 유지하는 능력이 부족한 상태예요. 낮은 수준은 70~79점까지의 범위로, 하위 10% 이내라는 것을 의미해요. 처리속도 지표도 낮은 수준으로, 정해진 시간 내에 신속하고 오류 없이 반응하는 능력, 시각-운동 협응 능력이 부족한 편으로 나타났어요.

인지 효율성이 낮게 나타난 것은 다양한 요인이 복합적으로 영향을 미치고 있을 가능성을 의미해요. 성준이는 민감한 기질을 타고났으며, 학습에 중점을 둔 교육을 주로 받고 있어요. 인지적인 학습보다는 정서 발달이나 애착 형성이 선행되어야 하는 발달 단계에 해당하는 점을 고려하면 동기 부여와 컨디션 조절의 문제로 실제보다 인지 효율성이 낮게 나왔을 가능성이 있어요. 지금보다 심리적으로 안정적인 상태에서는 아마 더 높은 수행을 할 거예요.

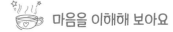 마음을 이해해 보아요

성준이가 까다롭거나 예민해지고, 평소에 보이지 않았던 여러 정서 행동상의 문제가 나타날 때 아이를 비난하지 않도록 주의해야 한다는 것을 기억해 주세요. 언젠가부터 성준이가 평소보다 말수도 적어지고, 사소한 일에도 짜증을 낸다고 하셨죠? 부모에게 혼나면 자기 머리를 때리거나 소리를 지르고, 주변 물건들을 던지는 행동도 나타났고요. 이는 아이가 감당하기 어려운 스트레스를 느끼고 있다는 신호일 수 있어요. 지금 무엇보다 먼저 해야 할 일은 아이가 편안해질 수 있도록 정서를 안정시키는 것이에요. 아이를 믿고 기다려 주는 것이 필요해요. 아이를 부모의 욕심

에 맞춰 끌고 가려 하지 말고, 안전한 울타리가 되어 주면서 너그러운 마음을 가져 보세요.

성준이는 행동이 큰 편이고 활발한 신체 활동을 선호하는 아이이면서 발달 단계상 유아기에 해당하기 때문에, 다양한 탐색과 활발한 신체 활동을 하는 시간을 늘려 보세요. 일상에서 에너지를 충분히 발산할 수 있는 시간이 상대적으로 적으면, 평소에 산만해 보이는 행동이 더 많이 나타날 수 있어요. 또한 과도한 조기교육은 집중력을 떨어뜨려요. 어렸을 때부터 소화하기 어려운 분량의 학습을 시키게 되면, 흥미 유발이 되지 않고 지겨워질 수 있어요. 무리하지 않고 소화할 수 있을 정도로 학습 분량과 방법을 조절해 주세요. 당분간 아이를 힘들게 했던 학습을 중단하고 컨디션을 회복할 수 있는 시간을 준 다음, 천천히 재미있게 다시 시작하는 것을 추천해요. 혹시라도 아이가 다른 또래보다 뒤처지지 않을까 하는 조바심은 낼 필요가 없어요.

### 👨‍👩‍👧 부모-자녀 관계를 알아보아요

어머니는 아이와 친밀감과 같은 정서적 관계, 다양한 일상 활동을 함께하는 정도, 아이의 잘못된 행동에 대처하는 규칙을 세우고 일관성 있게 대처하는 경향이 준수한 편으로 나타났어요. 하지만 최근에 성준이가 유치원에서 부정적인 피드백을 받고, 여러 정서 및 행동상의 문제를 보이면서 자녀 양육에 대한 통제감이나 확신이 낮아지고, 아이와의 관계에서 좌절감을 느끼고 있었어요. 아이에 대한 민감함과 배려도 필요하지만, 어머니 자신의 마음도 돌볼 시간이 필요해요. 그래야 아이에게도 여유롭고 너그러워질 수 있어요. 어머니는 이제까지 아이 중심으로만 지내 오면서 불편한 감정을 참기만 해서 상당히 지쳐 보였어요.

아버지는 꼼꼼하고 책임감이 높으면서 신중하고 침착한 분으로, 아이에게 안정감을 주는 역할을 하는 분이었어요. 이런 모습이 때로는 답답하고 유연성이 부족한 사람처럼 보일 우려도 있었어요. 위험을 감수하기보다 안전을 중시하고, 사소한 일에도 염려할 때가 많아 보였어요. 감정의 동요나 기복이 적어서 주변 사람들과 갈등을 겪는 일이 거의 없는 무던한 분이지만, 아이와의 관계에서 활력이 없고 적극적인 소통이 부족할 수도 있어요. 때로는 신중함과 조심스러움을 잠시 내려놓고 아이와 편안하게 대화하면서 마음을 표현해 보면 친밀감이 더 커질 수 있어요.

## SOLUTION | 솔루션

"무리하지 않고 소화할 수 있을 정도로 학습 분량과 방법을 조절해 주세요."

성준이는 민감한 기질을 타고났으며, 학습에 중점을 둔 교육을 주로 받고 있습니다. 인지적인 학습보다는 정서 발달이나 애착 형성이 선행되어야 하는 발달단계에 해당하는 점을 고려하면 동기 부여와 컨디션 조절의 문제로 실제보다 지능지수가 낮게 나왔을 가능성이 시사됩니다. 어렸을 때부터 소화하기 어려운 분량의 학습을 시키게 되면, 흥미 유발이 되지 않고 지겨워질 수 있습니다. 무리하지 않고 소화할 수 있을 정도로 학습 분량과 방법을 조절해 주세요. 당분간 아이를 힘들게 했던 학습을 중단하고 컨디션을 회복할 수 있는 시간을 준 다음, 천천히 재미있게 다시 시작하는 것을 추천합니다. 혹시라도 아이가 다른 또래보다 뒤처지지 않을까 하는 조바심은 내려놓는 것이 필요합니다.

"지능 수준과 ADHD 여부는 아이가 스트레스 상태에서 회복된 후 확인하세요."

성준이는 자신이 관심이나 흥미가 없는 활동에 대해서는 검사에 협조적인 태도를 보이지 않았고, 지시와 관련 없는 행동을 하는 모습이 나타날 때도 많았습니다. 특히 미취학 유아의 경우, 검사할 때 동기 부여가 적절하게 이루어지지 않으면 잠재 지능보다 과소평가될 우려가 있습니다. 웩슬러 지능검사는 평가자와 아동이 일대일로 대화를 통해 진행하게 되는데, 만약 내키지 않아서 아는 만큼 대답하지 않았다면 이와 같은 태도가 지능검사 수행에 영향을 미치게 됩니다. 따라서 지능 수준과 ADHD(주의력 결핍/과잉행동 장애) 여부는 아이가 스트레스 상태에서 회복된 후 재평가를 통해 확인해야 할 것으로 생각됩니다.

## "적극적으로 놀이 자극을 주면서 정서 발달을 촉진하는 유치원을 추천합니다."

성준이의 경우, 적극적으로 놀이 자극을 주면서 정서 발달을 촉진하는 유치원을 추천합니다. 또한 기질적으로 까다롭고 민감한 아이로, 소수 정예 수업처럼 아이에게 집중적으로 피드백을 해 줄 수 있으면서 친절하고 따뜻한 분위기에서 적응이 수월할 유형입니다. 어떤 교육이든 아이의 발달 과정에 맞춰 진행해야 하며, 교육 기관을 선택할 때도 아이의 성향에 대한 고려가 필요합니다. 성준이는 자기 나이에 이루어져야 하는 사회성이나 정서 발달이 제대로 이루어지는 것이 선행되어야 합니다. 학습은 지금보다 한글이나 숫자 습득을 위한 뇌 발달이 충분히 되고 나서 해도 늦지 않습니다.

## 1. 성장 과정

- 기질적으로 까다롭고 예민한 아이예요.
- 오감이 모두 민감하고, 호불호가 분명해요.
- 신체 발달과 언어 발달은 또래와 비슷했어요.

## 2. 내원 사유

- 5세부터 앉은 상태에서 해야 하는 학습을 많이 시켰어요.
- 사소한 일에도 짜증을 내고, 평소에 하지 않던 행동을 하기 시작했어요.
- 유치원에서 수업 중에 산만한 행동을 하고, 선생님의 질문에 대답을 안 한다고 해요.

## 3. 재능과 잠재력

- 언어 및 비언어 영역의 발달은 적절한 편으로 보여요.
- 주의 집중력과 신속한 정보처리 속도의 효율성이 낮게 나타났어요.
- 동기 부여와 컨디션 조절의 문제로 잠재 지능보다 과소평가되었을 수 있어요.

## 4. 마음 이해하기

- 아이가 최근에 감당하기 어려운 스트레스를 느끼고 있는 것처럼 보여요.
- 무리하지 않고 소화할 수 있을 정도로 학습 분량과 방법을 조절해 보세요.

· 컨디션을 회복할 수 있는 시간을 준 다음 천천히 재미있게 다시 시작
  하세요.

5. 부모-자녀 관계

· 아이에 대한 민감함과 배려도 필요하지만, 어머니 자신의 마음도 돌
  보아 주세요.
· 여유롭고 너그러운 태도가 아이와의 관계에도 도움이 될 수 있어요.
· 아이와 편안하게 대화하면서 마음을 표현해 보면 친밀감이 더 커질
  수 있어요.

## Solution

★ 무리하지 않고 소화할 수 있을 정도로 학습 분량과 방법
  을 조절해 주세요.

★ 지능 수준과 ADHD 여부는 아이가 스트레스 상태에서
  회복된 후 확인합니다.

★ 적극적으로 놀이 자극을 주면서 정서 발달을 촉진하는
  유치원을 추천합니다.

★ 학습은 지금보다 뇌 발달이 충분히 되고 나서 해도 늦지
  않습니다.

# 우리 아이는 감정적으로 격해졌을 때
# 조절이 힘든 것 같아요

"**감정 조절 능력**은 성장 과정에서 발달할 수 있습니다."

### 🌈 성장 과정을 알려 주세요

만 4세 0개월인 예진이는 신체 발달과 언어 발달이 빠른 편이었어요. 걷거나 뛰는 것도 또래보다 빨랐고요. 놀이터나 야외에 나갔을 때도 운동신경이나 균형 감각이 좋다는 이야기를 많이 들었어요. 말수가 많아서 깨어 있는 시간 대부분 이야기를 하는 편이었고, 거의 매일 동화책을 읽어 달라고 가지고 와요. 한 권을 여러 번 읽어 달라고 할 때도 있고요. 여러 권의 책을 돌려 가면서 읽어 달라고 하기도 해요. 아직 어려서 한글을 읽을 수 없는데도 자기가 들었던 동화책의 내용을 거의 다 외워서 말하기도 하고요. 좋아하는 애니메이션 대사나 노래도 여러 번 보고 들은 후에는 거의 다 따라 말해서 신기하기도 했어요.

어려서부터 기질적으로 까다롭고 민감한 아이였어요. 밤에 자주 깼고, 낮잠도 안겨서나 겨우 자는 아이였어요. 먹는 음식도 색깔이나 질감, 향이 낯설거나 거슬릴 때는 잘 먹지 않아서 편식도 있었고요. 한 번에 먹는 음식의 양도 많지 않았어요. 할아버지, 할머니 댁에 가서 자고 오거나 여행을 갈 때처럼 잠자리가 바뀌면 새벽 내내 울고 계속 깨서 힘들었고요. 요구 사항이 많은 아이여서 육아가 고될 때도 많았어요. 너무 힘들 때는 아이를 안고 같이 울었던 적도 있어요. 지금은 아주 어릴 때보다는 나아진 것 같아요.

어린이집은 코로나 시기라 제대로 다니지 못했고, 유치원에 가기 전까지는 주로 가정 보육을 하였어요. 집에서는 엄마가 책을 많이 읽어 주고 그림 그리기, 블록 만들기를 하면서 시간을 보냈고, 주말에는 아빠와 공원에 나가서 킥보드나 자전거 타기를 하면서 놀았어요 올해부터 유치원에 가기 시작하면서 처음 한 달 정도 적응 기간에는 점심 식사 후 일찍 하원하다가, 한 달이 지난 이후부터는 오후 3시에 하원하였어요. 낯가림이나 분리불안이 컸던 아이라서 걱정을 많이 했어요. 그런데 우려했던 것보다는 유치원에 잘 가는 것 같아서 다행이라고 생각했어요.

 내원 사유는 무엇인가요?

　얼마 전에 유치원 선생님과 면담이 있었어요. 학기마다 한 번씩 하는 면담이었어요. 어린이집은 다녀 보지 않았으니까 아이에 대한 첫 면담이었죠. 예진이가 감정적으로 격해졌을 때 조절이 힘들어 보인다는 이야기를 들었어요. 화가 나거나 짜증이 날 때 스스로 감정을 조절하지 못하고 과격하게 행동하는 모습이 관찰될 때가 많다고 하셨어요. 유치원 실내 놀이터에 에어바운스 미끄럼틀이 있는데, 서로 먼저 타려고 뛰어가다가 친구랑 부딪혔나 봐요. 그런 상황에서 예진이가 친구를 밀치고 지나가거나 큰소리를 지르기도 하고, 기분이 상하면 잘 달래지지 않는 것 같다고 하셨어요.

　유치원에서 예진이랑 친하게 지내는 친구도 있지만, 예진이가 조금 심하게 장난을 쳐서 사이가 안 좋은 친구도 있다는 말도 들었어요. 친구들에게 친절할 때는 부드럽게 말하지만, 자기 마음에 안 드는 상황이 되었을 때는 큰소리로 따지는 듯한 말투로 이야기하고, 행동이 크고 거칠어서 친구들이 무서워한다는 피드백도 받았어요. 외동아이다 보니 어린이집에 안 보냈고, 가정 보육을 할 때는 항상 아이가 하고 싶은 것 위주로만 지냈어요. 예를 들어, 아이가 딸기를 좋아하거든요. 마트에 가서 딸기 한 박스를 사면 주로 아이만 다 먹거나 엄마, 아빠는 아이가 먹다 남은 게 있을 때만 먹었어요. 혹시 그래서 사회성 발달이 잘 안된 걸까요? 유치원에 가면 단체 생활을 하잖아요. 친구들한테 배려하거나 양보해야 하는 일이 생길 수밖에 없는데, 아이가 적응을 힘들어하는 것처럼 보여요.

그리고 수업에 관심이 별로 없어서 집중도가 떨어지고, 때로는 수업 진행에 방해될 때가 있다는 말을 들었을 때는 조금 의아했어요. 집에서는 엄마랑 책 읽기도 나이에 비해 오랜 시간 잘하는 것 같고, 가정 보육할 때 그림 그리기와 블록 만들기도 거의 매일 했는데 집중해서 잘하거든요. 집에서는 일대일로 해서 주의력 문제를 느끼지 못한 것인지 궁금해요. 우리 아이에 대한 전문가의 객관적인 이야기를 들어 보고, 문제점이 있다면 파악 후 개선해 보고 싶어요.

 ## 재능과 잠재력을 살펴보아요

한국 웩슬러 유아지능검사 4판(K-WPPSI-IV)을 실시한 결과, 예진이의 전체 지능은 우수 수준에 해당하고 있어요. 우수 수준은 120~129점까지의 범위로, 상위 10% 이내의 뛰어난 발달을 보인다는 의미예요.

웩슬러 지능검사에는 다섯 가지 세부 지표가 있어요. 예진이는 언어이해 지표가 우수 수준으로, 언어적인 상식과 어휘력이 풍부하고 다양한 언어적 표현을 보일 수 있어요.

시공간 지표도 우수 수준으로, 시각적인 단서를 이용해 입체와 평면을 머릿속으로 그려 보고 유추하는 능력이 뛰어나요. 레고로 입체적인 도형을 만들거나 퍼즐을 맞출 때 복잡한 모형도 수월하게 완성할 수 있는 아이예요.

유동추론 지표도 우수 수준으로, 비언어적 개념을 이해하고 패턴 간 관계를 추론하는 능력도 높은 편이네요. 기본 원리나 개념을 설명할 때 잘 알아듣고, 응용하는 것을 잘할 수 있는 아이 같아요.

예진이는 작업기억 지표가 평균 상(上) 수준으로, 주의를 집중하고 유지하는 능력도 준수한 상태예요. 평균 상 수준은 110~119점까지의 범위로, 상위 25% 이내랍니다. 단순히 머릿속에 정보를 일시적으로 보유하는 것을 넘어서 머릿속의 정보를 능동적으로 조작하는 과정도 포함해요. 예진이가 유치원에서 수업에 관심이 별로 없어서 집중도가 떨어지고, 때로는 수업 진행에 방해될 때가 있다는 말을 종종 들었다고 하셨죠? 검사 결과를 보면, 주의 집중력 자체에 문제가 있지는 않아요.

예진이의 인지 발달 수준이 평균보다 뛰어난 편이기 때문에, 수업 시간에 유사한 활동을 반복해야 할 때 단조롭고 지루하다고 느낄 수 있어요. 그러면 흥미가 유발되기 어려울 수 있죠. 그리고 예진이는 관심의 범위가 넓고 다양하여, 이러한 모습이 때로는 산만한 모습처럼 보였던 것 같아요. 호기심이 많고 새로운 것에 관심이 많은 아이이기 때문에, 아이가 흥미를 느낄 수 있는 다양한 놀이 활동이나 학습 자극을 제공해 줄 필요가 있답니다.

처리속도 지표에서는 평균 하(下) 수준으로, 상대적으로 낮은 수행을 보여 인지적 약점으로 나타났어요. 평균 하 수준은 80~89점까지의 범위로, 하위 25% 이내라는 것을 의미해요. 예진이는 제한 시간 동안 민첩하게 정보를 처리하는 능력이 안정적이지 않은 상태로 보여요. 자신의 기대만큼 수행이 잘되지 않을 때는 불안이나 긴장이 커지면서 민첩하게 수행해야 하는 상황에서 효율이 낮아질 수 있어요.

 마음을 이해해 보아요

예진이는 새로운 상황에 도전할 수 있는 용기도 있지만, 남들보다 잠재적인 위험도 민감하게 탐지하는 편으로 보여요. 때로는 자기 뜻대로 하지 못하는 상황에서 불편한 감정을 불쑥 터트릴 수도 있고, 좌절감이나 실망감이 짜증이나 울음으로 터져 나올 수 있어요. 아직 자신의 감정을 섬세하게 표현하는 데 서툴기 때문에 성장 과정에서 나타날 수 있는 모습이에요. 체격이 커지는 것과 같이 감정을 다루는 능력 또한 점차 커질 수 있어요. 예진이가 친구들에게 친절할 때는 부드럽게 말하지만, 자기 마음에 안 드는 상황이 되었을 때는 큰 소리로 따지는 듯한 말투로 이야기한다고

하셨죠? 예진이는 기질적으로 타인의 감정에 민감하고, 친구들과 감정을 공유하고 싶어 하는 아이예요. 하지만 친구가 자신을 거부한다고 느껴지는 상황에서는 마음이 쉽게 상할 수 있어요. 발달 단계를 고려해 보면, 이 나이 때는 자기중심적인 관점을 가질 수밖에 없어요. 다른 친구를 존중하면서 부드럽게 소통하는 방법을 꾸준히 알려 주는 것이 필요해요. 또한 감정을 표현하는 다양한 단어를 가르치고, 혹은 동화책이나 영상을 보면서 등장인물의 기분에 대해 함께 이야기해 보는 것도 도움이 될 수 있어요.

친구들과의 관계에서 자신의 제안을 친구가 거절할 때 평소보다 과격한 행동을 하거나, 자신이 불쾌감을 느꼈던 친구의 행동을 상대 친구에게 똑같이 하는 이유도 자신이 공격당했다는 생각이 들고 친구가 자신에게 호의적이지 않다고 느껴졌기 때문이에요. 그럴 때는 아이의 속상한 감정을 읽어 주면서 대안을 제시해 주는 대화가 도움이 될 수 있어요. 기분이 나빠진 이유에 대해서 언어로 표현할 수 있도록 해 주고, 짜증이나 화가 아닌 다른 방식으로 표현하는 방법에 대해 알려 주세요. 아이가 감정을 언어로 표현할 수 있으면, 감정을 조절하는 것이 수월해질 수 있어요. 아이가 적절한 방식으로 감정을 표현했을 때, 부모는 아이의 노력을 인정하고 칭찬해 주어야 해요. "짜증 내지 않고 또박또박 이야기하니 우리 예진이가 왜 마음이 속상했는지 잘 알겠구나." "소리 지르지 않고 이야기하는 것을 보니 우리 예진이가 많이 큰 것 같네."라고 말해 주는 것도 좋아요.

　어머니와 예진이의 관계를 살펴보면, 친밀감과 같은 애착, 의사소통과 경청, 일관적인 훈육은 준수한 편으로 나타났어요. 하지만 유치원에서 아이에 대한 부정적인 피드백을 많이 받아 오면서 자녀 양육에 대한 통제감이나 확신이 낮아지고, 관계 좌절감이 높아지면서 심리적으로 소진된 모습이 나타나고 있었어요. 예진이도 부모님, 선생님, 친구들의 평가나 비난에 점점 민감해지고, 마음에 상처가 되는 경험이 누적된 상태였어요. 불편한 감정이 해소되지 못하여 과격한 말이나 행동으로 나타나고 있었어요.

　아버지는 자의식이 강한 편이며, 나와 타자의 경계가 뚜렷한 분이었어요. 자신의 울타리 안에 속한 사람을 최우선으로 여기기 때문에, 아내와 자녀처럼 그 울타리 내에 있는 사람에게는 안전하고 보호받는 느낌을 줄 수 있어요. 하지만 경계 밖의 사람들은 무심하다고 느낄 수 있어요. 예진이와의 관계를 살펴보면, 친밀감과 같은 애착, 일관적인 훈육은 준수한 편으로 보였어요. 자녀 양육에 대한 통제감이나 확신도 부족하지 않고, 관계 좌절감도 높지 않았어요. 하지만 예진이와 대화할 때 경청하는 기술은 상대적으로 부족한 편이었어요. 아이와 의사소통을 촉진하기 위해 일상에서 조금 더 적극적으로 시도해 볼 것을 추천합니다.

## SOLUTION | 솔루션

"아이가 흥미를 느낄 수 있는 다양한 놀이 활동이나 학습 자극이 필요합니다."

예진이의 인지 발달 수준이 평균보다 뛰어난 편이기 때문에, 수업 시간에 유사한 활동을 반복해야 할 때 단조롭고 지루하다고 느낄 수 있습니다. 그러면 학습에 대한 동기 부여가 되기도 어렵고, 흥미가 유발되기 어렵습니다. 또한 예진이는 관심의 범위가 넓고 다양하여 이러한 모습이 때로는 산만한 모습처럼 보일 수 있습니다. 호기심이 많고 새로운 것에 관심이 많은 아이이기 때문에, 아이가 흥미를 느낄 수 있는 다양한 놀이 활동이나 학습 자극을 제공해 줄 필요가 있습니다.

"이 시기 아이들은 자기 조절력이나 행동 통제력이 아직 미숙합니다."

예진이는 현재 성장하고 발달하는 과정에 있습니다. 유아기에는 뇌의 정서 조절 시스템이 완성되지 않아 감정을 조절하기 위해 부모의 도움이 필요할 때가 많습니다. 아이가 화가 나거나 속상해할 때 아이의 마음을 이해하고 공감하며 위로해 주어야 합니다. 부모의 진심 어린 이해와 공감은 아이의 정서 조절 능력 발달에 기본적인 토대가 됩니다. 이 시기 아이들의 자기 조절력이나 행동 통제력이 아직 미숙한 것은 자연스러운 현상입니다. 특히 예진이는 호불호가 분명하고 화가 나거나 속상한 마음을 자주 드러내기 때문에, 주변 사람들은 아이가 까

나쁘다고 생각하기 쉽습니다. 아이의 감성을 부시하거나 혼내는 것은 별로 도움이 되지 않습니다. 아이가 지나칠 정도로 울거나 화를 낼 때는 우선 진정될 때까지 옆에서 기다려 주는 것이 필요합니다. 그리고 속상한 마음이 들었을 때 울음이나 짜증, 화가 아닌 다른 방식으로 표현하는 방법, 즉 감정을 언어로 표현하도록 도와주어야 합니다. 처음에는 부모나 교사의 언어로, 그리고 나중에는 아이 스스로 말로 할 수 있도록 해 주세요. 기분이 나빠진 이유에 대해서, 그리고 어떻게 해 주기를 바라는지에 대해 언어로 표현할 수 있게 되면, 지금보다 유쾌한 기분을 자주 느낄 수 있게 됩니다.

## "부모의 감정부터 차분하게 하면서 평정심을 잃지 않는 것이 중요합니다."

아이가 화나는 감정을 조절하지 못해 과격하게 행동한다면, 우선 부모의 감정부터 차분하게 하면서 평정심을 잃지 않는 것이 중요합니다. 부모가 함께 흥분하거나 화를 내면, 아이는 그 행동에 자극받아 안정되기가 더 어려워집니다. 아이가 화나 분노를 표현하면, 아이를 기다려 주고 담담하게 지켜볼 수 있어야 합니다. 화를 내는 아이가 스스로 화를 진정할 때까지 한 걸음 떨어져서 기다려 주시기 바랍니다. 어느 정도 진정되면, 아이의 마음을 읽어 주고 공감해 주시기 바랍니다. 누군가 자신의 마음을 알아주었다는 사실만으로도 격해진 감정은 어느 정도 완화될 수 있습니다. 평소에 엄마나 아빠가 부드럽고 편안하게 감정을 표현하는 모습을 보여 주는 것도 중요합니다. 부모가 감정을 표현하는 좋은 모델이 되어 주면, 아이는 감정을 표현하는 방법을 자연스럽게 학습할 수 있습니다.

"아이의 감정이 진정된 이후에 잘못된 행동이었음을 설명하는 것이 필요합니다."

예진이의 감정이 진정된 이후에는 그것이 잘못된 행동이라는 것을 아이의 발달 단계에 적합한 언어로 설명해 주어야 합니다. 차분한 설명이나 설득을 통해 감정을 조절해야 할 필요성을 이해시키는 것이 도움이 됩니다. 평상시 다른 친구들이 수용할 수 있는 방식으로 정서를 표출하고 자기주장하는 방법을 꾸준히 알려 주어야 합니다. 아이들은 완벽하게 알아듣지 못하더라도 부모의 표정이나 말투, 눈빛 등을 통해 무엇을 해도 되고 무엇을 하면 안 되는지 느낍니다. 부모가 충분히 말로 설명해 주면, 말하는 내용과 이야기할 때의 분위기만으로도 아이는 자신이 잘못된 행동을 했다는 것을 알게 됩니다.

## 1. 성장 과정

· 신체 발달과 언어 발달은 빠른 편이었어요.

· 어려서부터 기질적으로 까다롭고 민감한 아이였어요.

· 유치원에 가기 전까지는 주로 가정 보육을 하였어요.

## 2. 내원 사유

· 유치원에서 감정적으로 격해졌을 때 조절이 힘들어 보인다고 해요.

· 화가 나거나 짜증이 날 때 친구에게 과격하게 행동하는 모습이 나타
나요.

· 수업에 집중도가 떨어지고, 때로는 수업 진행에 방해가 될 때가 있
다고 해요.

## 3. 재능과 잠재력

· 어휘력이 풍부하고, 다양한 언어적 표현을 보일 수 있는 아이랍니다.

· 비언어적 개념이나 원리를 이해하고 응용하는 능력이 뛰어나요.

· 마음이 불안할 때 민첩하게 수행해야 하는 상황에서 효율이 낮아질
수 있어요.

## 4. 마음 이해하기

· 자기 뜻대로 하지 못하는 상황에서 불편한 감정을 불쑥 터트릴 수도
있어요.

- 좌절감이나 실망감이 짜증이나 울음으로 터져 나올 수 있어요.
- 자기가 공격당했다는 생각이 들 때 평소보다 과격한 행동을 하는 것 같아요.

## 5. 부모-자녀 관계

- 부모님 두 분 모두 친밀감과 같은 애착, 일관적인 훈육은 준수한 편으로 나타났어요.
- 어머니는 양육 효능감이 낮아지고, 관계 좌절감이 높아진 상태예요.
- 아버지는 아이와 대화할 때 경청하는 기술이 부족한 편인 것 같아요.

## Solution

★ 아이가 흥미를 느낄 수 있는 다양한 놀이 활동이나 학습 자극이 필요합니다.

★ 이 시기 아이들은 자기 조절력이나 행동 통제력이 아직 미숙합니다.

★ 부모의 감정부터 차분하게 하면서 평정심을 잃지 않는 것이 중요합니다.

★ 아이의 감정이 진정된 이후에 잘못된 행동이었음을 설명하는 것이 필요합니다.

# 두통, 복통이 있다고 해서
# 병원에 가 보면 아무 이상이 없다고 해요

"**사랑과 관심**이 더 필요한 아이입니다."

 성장 과정을 알려 주세요

만 4세 6개월인 지아는 신체 발달은 정상적이나 말이 조금 늦었어요. 엄마는 아이가 태어나고 3개월이 지나 출산휴가가 끝나자마자 직장에 복직해야 했어요. 아이가 백일 때부터 아이를 돌봐 주는 분이 따로 있었는데, 육아 방식이나 가치관의 차이로 부모와 잦은 마찰이 있어서 여러 번 다른 분으로 바뀌었어요. 아이를 돌봐 주는 분은 체력적으로 힘든 면이 있어 아이에게 텔레비전이나 태블릿을 자주 보여 줬던 것 같고, 아이가 퍼즐이나 블록을 혼자 할 때가 많다고 들었어요. 부모가 맞벌이라서 아빠는 새벽에 출근

하고 밤늦은 시간에 퇴근할 때가 많았고, 엄마는 3교대 근무 때문에 일하는 시간이 바뀌기도 해서 아이와 만나는 시간이 불규칙하였어요. 그래서 아이가 아침에 일어났을 때 엄마가 안 보이면 자주 울었다고 들었어요.

부모가 귀가하면 아이가 자고 있을 때가 많아서, 어렸을 때부터 아이와 눈을 맞추며 대화하고 함께 놀아 주는 시간이 부족했어요. 퇴근하면 또 집안일을 해야 하잖아요. 아이를 돌봐 주는 분이 아이가 먹을 음식을 준비해 주었지만, 부모가 직접 맡아서 해야 하는 집안일도 항상 쌓여 있었어요. 입주 이모님이셨지만 토요일 오후에는 집으로 돌아가셨다가 일요일 오후 늦게 오시니까 주말 동안은 부모가 아이를 돌봐야 했고요. 현실적으로 제약이 있는 환경이었지만 잘하려고 애썼어요. 직장에서 승진도 해야 하고, 미래를 위해 저축도 하고, 당장 해야 하는 일이 많다 보니 아이와 정서적 교감을 할 시간이 부족했던 것 같아요.

 내원 사유는 무엇인가요?

지아는 유치원에서 또래와 있을 때, 어떤 친구에게 같이 놀자고 했는데 그 친구가 싫다고 하면 민감한 반응을 보인다고 들었어요. 친구가 다른 친구랑 놀 수도 있고 지금 하고 싶은 놀이가 있을 수도 있다고 선생님이 설명을 해 주셔도, 울음을 터트리기도 하고 기분이 쉽게 상하는 것 같았다고 해요. 마음이 여린 것인지 자신 감이 없는 것인지 잘 모르겠어요. 어떤 아이들은 혼을 내도 금방 잊어버리고, 기죽지 않잖아요. 우리 아이도 좀 그랬으면 좋겠어요. 소심해 보인다고 할까요. 대체 왜 그러는 걸까요? 시무룩하게 있는 모습보다는 밝은 모습이 친구들과 친해지는 데도 좋을 것 같은데요. 기질이 까다로운 걸까요?

최근 들어 머리가 아프고 배가 아프다고 말할 때가 있어 소아청소년과에 여러 차례 방문했는데, 신체적으로는 아무 이상이 없다고 들었어요. 건강하니까 처방해 줄 약도 따로 없다고 진료 때 들었어요. 유치원에 가고 싶지 않을 때 머리도 아프고 배도 아프니까 못 가겠다고 말한대요. 유치원에 가서도 몸이 아프니까 집에 가고 싶다고 말하기도 하고요. 아직 어리니까 언어적 표현이 성인처럼 정확하지는 않잖아요. 병원에서는 몸이 아픈 아이가 아니라 마음이 아픈 아이 같다고 하셨어요. 마음이 여리고 감수성이 예민하다는 생각은 했었는데, 마음이 아플 거라는 생각은 미처 하지 못했어요. 잦은 두통이나 복통이 심리적인 원인 때문일 수 있다고 하여 아이의 정서 상태 및 기질 파악을 위해 내원했어요. 만약에 마음이 아픈 아이라면 앞으로 어떻게 키워야 할까요?

## 재능과 잠재력을 살펴보아요

한국 웩슬러 유아지능검사 4판(K-WPPSI-IV)을 실시한 결과, 지아의 전체 지능은 평균 수준으로 정상 발달하고 있어요. 평균 수준이라는 것은 90~109점까지의 범위이고요. 같은 나이의 아이들 100명 중 50%가 이 범위 안에 있어요. 즉, 100명 중에서 상위 25%와 하위 25%를 제외한 아이들이 평균 범위라고 볼 수 있어요.

웩슬러 지능검사에는 다섯 가지 세부 지표가 있어요. 구체적으로 살펴보면 언어이해 지표가 평균 하(下) 수준으로 나타났는데, 이는 아이가 의사소통에 필요한 언어를 습득하기 위한 경험과 기회가 상대적으로 부족했던 것과도 관련되어 보여요. 평균 하 수준은 80~89점까지의 범위로, 하위 25% 이내라는 것을 의미해요. 주 양육자가 육아를 너무 버거워하여 아이에게 활발한 상호작용을 하지 못했을 경우 혹은 아이를 돌봐 주는 분이 자주 바뀌었을 때 의사소통에 필요한 언어의 습득이 부족해질 수 있어요.

시공간 지표는 평균 수준에 해당하여 시각적인 정보에 대한 조작 및 활용 능력, 시공간 추론 능력은 적절해 보여요. 레고로 입체적인 도형을 만들거나 퍼즐을 맞추는 상황을 떠올려 보면 돼요. 시각적인 단서를 이용해 입체와 평면을 머릿속으로 그려 보고 유추하는 능력을 의미해요.

유동추론 능력도 평균 수준으로, 비언어적 개념을 이해하고 패턴 간 관계를 추론하는 능력도 적절한 편이에요. 기본 원리나 개넘을 설명할 때 잘 알아듣고, 응용하는 것을 어렵지 않게 해낼 수 있는 아이 같아요.

작업기억 지표는 평균 상(上) 수준으로, 주의를 집중하고 유지하는 능력은 준수한 상태예요. 평균 상 수준은 110~119점까지의 범위로, 상위 25% 이내예요. 단순히 머릿속에 정보를 일시적으로 보유하는 것을 넘어서 머릿속의 정보를 능동적으로 조작하는 과정도 포함해요. 선생님이 수업 시간에 말씀하시는 것을 잘 듣고 순서대로 기억해서 해야 하는 상황을 떠올려 보세요. 학습하는 과정이나 일상에서 문제 해결을 할 때 필요한 능력을 말해요.

처리속도 지표는 평균 수준으로, 정해진 시간 동안 민첩하고 정확하게 반응하는 능력도 적절한 편이에요.

 마음을 이해해 보아요

지아는 기질적으로 감수성이 풍부하고 민감하여 다양한 감정을 섬세하게 느낄 수 있는 아이예요. 대화할 때 다른 사람들은 알아차리기 어려운 타인의 표정, 눈빛, 태도의 미묘한 변화에 대한 파악도 빠를 수 있어요. 엄마, 아빠가 퇴근하고 아이를 만났을 때 "지아야, 유치원 잘 다녀왔니? 저녁 식사는 맛있게 했니?"라고 말을 할 때 표정이나 말투가 사무적이거나 딱딱한 경우 아이는 엄마, 아빠가

자기를 귀찮아한다고 느끼게 돼요. 부모님은 직장에서 근무를 마치고 나서 지치고 피로해서 그런 것인데, 아이는 본인이 엄마, 아빠를 짜증스럽게 혹은 화나게 했다고 잘못 해석할 수 있어요. 이와 같은 생각은 친구와의 관계에서도 나타나는 것 같아요. 친구와 같이 놀고 싶고 친해지고 싶으면서도 '친구가 나랑 안 놀면 어떡하지? 나를 싫어하면 어떡하지?' 같은 생각들이 함께 드는 것처럼 보여요. 그래서 유치원에서 또래와 있을 때, 어떤 친구에게 같이 놀자고 했는데 그 친구가 싫다고 하면 민감한 반응을 하게 되는 것 같아요.

지아는 아직 언어 표현이 또래보다 정교하거나 정확하지 않아요. 정서가 안정된 아이들은 언어 발달이 빨라요. 즉, 정서가 불안할 때 언어 발달이 늦을 수 있어요. 다른 사람의 말은 알아들어도 좀처럼 자기 이야기를 안 하는 경우가 많아요. 사랑받는다는 느낌이 들고 안심이 되는 상황에서는 말을 많이 하고, 기분이 상할 때는 한마디도 안 하고 시무룩하게 있는 등 기분에 따라 언어 표현의 차이가 클 수 있어요. 아이가 웃을 때는 "우리 지아가 기분이 좋구나. 오늘 유치원에서 어떤 일이 있었어?"라고 물어보면서 안아 주세요. 아이가 슬픈 표정을 짓거나 시무룩해 있으면 아이의 얼굴을 보고 눈을 마주치면서 "우리 지아가 왜 기분이 안 좋을까? 속상한 일이 있었던 것 같구나. 무슨 일이 있었을까?"라고 아이의 감정에 대응해 주고, 적극적으로 의사소통을 해 주세요.

## 부모-자녀 관계를 알아보아요

어머니, 아버지 두 분 모두 아이와의 관계에서 친밀감과 같은 애착, 경청과 같은 의사소통 기술이 부족하고, 아이와 함께 다양한 활동에 참여하는 정도가 낮은 편이었어요. 아이와의 관계에서 느끼는 좌절감은 크지 않지만, 자녀 양육에 대한 통제감이나 확신은 부족한 상태였어요. 또한 아이의 잘못된 행동에 대해 일관적인 기준으로 훈육하는 데에도 어려움을 경험하고 있었어요. 지아는 아버지에게 거리감을 느끼고 있고, 어머니에게는 친밀감을 원하면서도 동시에 외로움, 두려움도 느끼는 상태였어요. 부모님과의 긍정적인 경험이 지금보다는 늘어나야 해요.

많은 시간을 함께 보낸다고 해서 아이와 강한 유대감이 생기지는 않아요. 하루 종일 함께 지내더라도 부모가 감정 조절을 잘 못하거나 아이의 요구를 제때 충족시켜 주지 못하면, 좋은 관계가 형성되기 어려워요. 함께하는 시간이 짧더라도 친밀도가 높은 시간을 가지게 되면, 아이와 안정적인 애착을 맺을 수 있어요. 부모가 아이에게 집중하지 않고 무성의하게 반응하면, 아이도 민감하게 알아차려요. 아이와 매일 놀아 주는 것이 현실적으로 어렵다면, 일주일에 2~3회 혹은 주말에라도 규칙적인 놀이로 아이와 의미 있는 시간을 보내 보세요.

## "사랑과 관심이 더 필요한 아이입니다."

지아는 최근 들어 머리가 아프고 배가 아프다고 말할 때가 있어 소아청소년과에 여러 차례 방문했는데, 신체적으로는 아무 이상 소견이 없다는 이야기를 들었습니다. 마음이 여리고 감수성이 예민한 아이가 애정 욕구가 좌절되는 경험이 누적되어 안정적인 애착 형성에 어려움이 있었던 것으로 보입니다. 부모와의 관계에서 친밀감을 원하면서도 동시에 외로움과 두려움도 느끼는 상태입니다. 퇴근한 부모에게 안아 달라고 하면서, 막상 안아 주면 밀어내 버리는 행동도 애정 결핍과 정서 불안이 존재한다는 것을 의미합니다.

## "신체적 증상에 대해 말할 때만 관심을 보이면, 두통과 복통이 잦아집니다."

두통, 복통과 같은 신체적 증상에 대해 말할 때만 부모가 아이에게 관심을 보이면, 불편한 감정을 나타내기 위해 신체적 아픔을 호소하는 패턴이 더욱 강화됩니다. 부모가 일상에서 다양한 역할 수행으로 인해 고단하고 아이와 함께 보내는 시간에 현실적인 제약이 있다 하더라도, 짧은 시간이라도 아이와 눈을 맞추면서 대화하는 시간이 필요합니다. 아이의 심리적 상태를 파악하고 확인해야 하며, 짧은 시간이라도 아이의 마음을 경청하고 감정에 공감해 주어야 합니다. 평소에 아이가 투정이나 불만을 말하는 것을 들어주지 않다가 아프다고 할 때만 신경을 써 주면, 두통과 복통이 잦아질 수 있습니다.

"언어로 자신의 마음을 적절하게 표현할 때 아이에게 관심을 주어야 합니다."

주 양육자와의 애착을 기반으로 모든 발달이 자연스럽게 이루어지며, 사회성 발달이 선행되어야 언어 발달이 촉진됩니다. 주 양육자가 육아를 너무 버거워하여 아이에게 활발한 상호작용을 하지 못했을 경우 혹은 아이를 돌봐 주는 분이 자주 바뀌었을 때 의사소통에 필요한 언어의 습득이 부족해질 수 있습니다. 또한 언어로 자신의 마음을 적절하게 표현하지 못할 때 불편한 감정을 다양한 신체 증상으로 표출할 수 있습니다. 언어로 자신의 마음을 적절하게 표현할 때 아이의 감정에 공감해 주어야 합니다. 예를 들어, "유치원에서 신나는 일이 있었구나. 정말 즐거웠겠다." "친구가 같이 놀아 주지 않아서 슬프고 속상했구나."라고 말하면서 관심을 주어야 합니다.

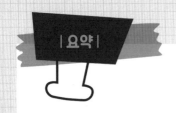

## 1. 성장 과정

- 맞벌이 부모 대신 아이를 돌봐 주는 분이 여러 차례 바뀌었어요.
- 부모는 아이와 함께 대화할 시간이 적고 불규칙했어요.
- 아이를 돌봐 주는 분이 텔레비전이나 태블릿을 지주 보여 주었어요.

## 2. 내원 사유

- 또래 관계에서 친구의 사소한 거절에도 민감한 반응을 보였어요.
- 최근 들어 머리가 아프고 배가 아프다고 말하는 일이 잦아졌어요.
- 소아청소년과에 여러 차례 방문했는데, 신체적 이상 소견은 없다고 들었어요.

## 3. 재능과 잠재력

- 비언어적 개념을 이해하고, 패턴 간 관계를 추론하는 능력은 적절한 편이에요.
- 기본 원리를 설명할 때 잘 알아듣고, 응용하는 것을 어렵지 않게 할 수 있어요.
- 의사소통에 필요한 언어를 습득하기 위한 기회는 상대적으로 부족했던 것 같아요.

## 4. 마음 이해하기

- 애정 욕구가 좌절되는 경험이 누적된 상태예요.
- 정서가 불안할 때 언어 발달이 늦을 수 있어요.
- 아이의 감정에 대응해 주고, 적극적으로 의사소통을 해 주세요.

## 5. 부모-자녀 관계

- 아버지에게 거리감을 느끼고 있고, 어머니에게는 친밀감을 원하면서도 동시에 외로움, 두려움도 느끼고 있어요.
- 규칙적인 놀이로 아이와 의미 있는 시간을 보내 보세요.
- 함께하는 시간이 짧더라도 친밀도가 높은 시간을 가져 보세요.

## Solution

★ 사랑과 관심이 더 필요한 아이입니다.

★ 신체적 증상에 대해 말할 때만 관심을 보이면, 두통과 복통이 잦아집니다.

★ 언어로 자신의 마음을 적절하게 표현할 때 아이에게 관심을 주어야 합니다.

# CHAPTER 6

# 영어 유치원을 다니고 있는데,
# 한국어 발달도 잘되고 있는지 궁금해요

"한국어와 영어를 모국어처럼 사용하는
**이중언어가 가능한 아이입니다.**"

 ✿ 성장 과정을 알려 주세요

만 5세 8개월인 유진이는 언어 발달과 신체 발달이 모두 빠른 편이었어요. 한글과 영어 습득 모두 수월하였어요. 부모 모두 아이의 교육에 대한 관심이 많아서 어릴 때부터 가정에서 다양한 학습 및 놀이 자극을 주려고 노력을 많이 했어요. 보드게임, 교구, 놀이 등을 활용해서 적극적으로 놀아 주었고, 아이가 좋아하는 야외 활동도 주말에는 최대한 같이 많이 다녔어요. 유진이는 한국어와 영어를 모두 자유롭게 사용하는 아이예요. 그중에서 더 능숙하게 사용할 수 있는 것은 영어 같아요. 영어로 말하는 것을 더 신호하고, 편하게 느끼는 것처럼 보여요. 단어를 말할 때도 한국어보다 영어가 먼저 떠오른다고 하거든요. 영어 유치원을 제외하고는 국내에서 한국어로 이야기해야 할 때도 많고, 내년에는 초등학교에 입학하는데 혹시 한국어 발달에 지연이 있지는 않은지 걱정이 되기도 해요. 가정에서는 엄마와 아빠 모두 아이와 정서적 유대가 좋은 편이고, 유치원 생활은 또래 아이들과 잘 어울리면서 지냈어요.

 내원 사유는 무엇인가요?

아빠와 엄마 모두 어학연수나 유학 경험이 없어서 그런지 직장에서 일할 때 영어 말하기가 유창하게 되지 않는 것이 항상 아쉬운 부분이었어요. 둘 다 외국계 회사에 다니거든요. 영어로 된 서류를 읽거나 고객사에 영어로 이메일을 보내는 것은 직장에서 자주 해 왔던 업무다 보니 어렵지 않은 것 같아요. 하지만 해외 출장을 갔을 때 원어민처럼 자연스럽게 대화가 되지 않으니까 계속 따라다니는 약점 같다는 생각이 들었어요. 그래서 아이만큼은 영어로 말하는 데 두려움이 생기지 않도록 해 주고 싶었어요. 유진이는 어릴 때부터 언어 발달이 빠른 편이어서 학습 위주의 영어 유치원을 보냈어요. 지금 영어로 말하는 것은 자유롭게 하는 것 같은데, 한국어를 말할 때 자기 나이에 비해 미흡한 측면이 있는 것 같아 초등학교 입학을 앞두고 걱정이 되었어요. 영어 유치원을 다녔어도 가정에서는 한국어로 일상적인 대화를 엄마, 아빠와 늘 하고 있고, 한국어로 된 그림책도 이제까지 많이 봤어요. TV 뉴스나 드라마 같은 여러 매체를 통해 한국어 표현에 친숙해지도록 신경도 많이 썼고요. 영어 유치원 수업은 잘 따라가는데, 한국어 발달도 잘되고 있는지 궁금해요.

 재능과 잠재력을 살펴보아요

한국 웩슬러 유아지능검사 4판(K-WPPSI-IV)을 실시한 결과, 유진이의 전체 지능은 매우 우수 수준에 해당하고 있어요. 매우 우수 수준은 130점 이상의 범위로, 상위 2% 이내의 탁월한 발달을 보인다는 의미예요.

웩슬러 지능검사에는 다섯 가지 세부 지표가 있어요. 언어이해 지표가 매우 우수 수준으로, 언어적인 상식과 어휘력이 풍부하고 또래에 비해 정교하고 정확한 언어적 표현을 할 수 있는 아이예요. 유진이가 지금 영어로 말하는 것은 자유롭게 하는 것 같은데, 한국어를 말할 때 자기 나이에 비해 미흡한 측면이 있는 것 같아 초등학교 입학을 앞두고 걱정이 되었다고 하셨죠. 한국어 발달도 또래 평균에 비해 매우 뛰어난 편으로 나타났어요.

시공간 지표도 우수 수준으로, 시각적인 분석 및 통합 능력, 부분-전체를 이해하는 능력, 시각화 능력이 뛰어나요. 우수 수준은 120~129점까지의 범위로, 상위 10% 이내의 뛰어난 발달을 보인다는 의미예요. 레고로 입체적인 도형을 만들거나 퍼즐을 맞출 때 복잡한 모형도 자세한 언어적 설명 없이 직관적으로 완성할 수 있는 아이예요.

유동추론 지표도 매우 우수 수준으로, 비언어적 개념을 이해하고 패턴 간 관계를 추론하는 능력도 탁월한 편이에요. 기본 원리나 개념을 설명할 때 잘 알아듣고, 응용하는 것을 수월하게 해낼 수 있는 아이 같아요.

작업기억 지표는 평균 상(上) 수준으로, 주의를 집중하고 유지하는 능력도 준수한 상태예요. 평균 상 수준은 110~119점까지의 범위로, 상위 25% 이내를 의미해요. 단순히 머릿속에 정보를 일시적으로 보유하는 것을 넘어서 머릿속의 정보를 능동적으로 조작하는 과정도 포함해요. 선생님이 수업 시간에 말씀하시는 것을 잘 듣고 순서대로 기억해서 해야 하는 상황을 떠올려 보세요. 학습하는 과정이나 일상에서 문제 해결을 할 때 필요한 능력을 말해요.

처리속도 지표도 평균 상(上) 수준으로, 정해진 시간 내에 신속하고 오류 없이 반응하는 능력도 준수한 편이에요. 평상시에 종이접기나 그림 그리기, 글씨 쓰기 같은 소근육 활동을 능숙하게 해내서 손이 야무지고 빠르다는 이야기를 듣는 아이들이 점수가 높게 나올 수 있어요.

유진이는 현재 가정 내에서 아이에게 다양한 학습 및 놀이 자극을 주고 있으며, 체계적인 커리큘럼의 영어 유치원을 다니고 있어요. 주말마다 동물원이나 과학관에 가는 야외 활동을 하거나 수영 같은 운동도 활발하게 하고 있으며, 책 읽기를 좋아해서 자동차, 건축물, 우주와 같은 분야의 책을 즐겨 읽는다고 하셨죠? 유진이는 타고난 지능이 우수할 뿐만 아니라 어린 시절부터 다양한 경험을 통해 인지 발달이 촉진된 것처럼 보여요.

 마음을 이해해 보아요

유진이는 호기심이 많고 활발한 아이예요. 낯선 사람에게도 별다른 두려움 없이 먼저 다가가는 편이어서 친화력이 좋다는 이야기도 많이 들었을 거예요. 또한 관심이 있는 주제에 대해서는 몰입하고 집중하는 모습이 나타나기도 하며, 인내심도 큰 편이어서 다소 어려워 보이는 과제나 활동도 해내는 경우가 많을 거예요. 주변 사람들에게 자신감이 있고 적극적인 아이라는 평가를 받을 수 있어요. 하지만 대담한 편이어서 아이가 어느 정도 성장할 때까지는 위험한 상황에 노출되지 않도록 필요에 따라 안전하게 한계를 설정해 주는 것이 필요할 수 있어요.

무언가가 자기 마음대로 되지 않을 때, 다른 아이들에 비해 화나 짜증 같은 기분을 강하게 표현할 수 있어요. 스스로 무언가를 하고자 하는 마음이 크고 목표 수준이 높은 편이기 때문에, 자신이 원하는 대로 되지 않을 때 예민해지면서 더 큰 좌절감을 느낄수 있어요. 아직 자신의 감정을 섬세하게 표현하는 데 서툴기 때문에 성장 과정에서 나타날 수 있는 모습이에요. 화나 짜증 같은 불편한 감정을 불쑥 터트리는 것도 자연스러운 모습이라고 말해주면, 아이는 안정감을 가지고 앞으로 나아갈 수 있을 거예요.

유진이가 결과보다는 과정에 초점을 맞출 수 있도록 도와주세요. 게임을 하다 보면 질 때도 있고, 때로는 퍼즐을 완성하지 못할 수도 있다는 것을 이해하도록 꾸준히 알려 주세요. 놀이나 게임에서 이기는 것도 중요하지만, 친구들과 함께 즐기는 과정도 중요하다는 것을 알게 된다면 승패 자체에만 초점을 맞추지 않게 될수 있어요. 아이가 기분이 나빠졌을 때 다독여도 달래지거나 진정이 되지 않는다면, 새로운 놀이나 활동을 제안하여 분위기를 바꾸어 보는 것도 좋은 방법이 될 수 있어요.

친구들과의 관계에서 자신의 제안을 친구가 거절할 때 평소보다 과격한 행동을 할 수도 있어요. 이 경우, 아이의 감정을 부모가 이해해 주면서 대안을 제시해 주는 대화가 도움이 돼요. 아이가 알아들을 수 있게 대안을 알려 주고, 알려 준 방법대로 경험을 쌓게 하고, 아이의 시도가 성공할 때는 칭찬해 주어야 해요. 발달 단계상, 이 시기에는 자기중심적인 관점을 가질 수밖에 없답니다.

다른 친구를 존중하면서 부드럽게 소통하는 방법을 꾸준히 알려 주는 것이 필요해요.

 부모-자녀 관계를 알아보아요

유진이의 어머니는 이제까지 해 보지 않았던 낯선 일에 대해서도 막연한 두려움보다는 호기심을 가지고 탐색하는 진취적인 분이었어요. 유진이가 다양하고 새로운 경험에 계속 노출될 수 있도록 해 주었던 점은 아이의 성장에 유익한 영향을 주었을 거예요. 유진이는 어머니와 정서적 유대가 깊은 편인데, 이는 일상에서 어머니가 아이의 이야기를 경청하며, 아이의 눈높이에 맞춰 많은 대화를 나누기 때문이었어요. 유진이는 주 애착 대상인 어머니와의 관계에서 사랑과 신뢰로 견고하게 연결되었다는 느낌을 받으면서 성장하고 있었어요.

유진이의 아버지는 목표 지향적이고 주도적인 성향이 강하면서도, 다른 사람들과 친밀한 관계를 맺어 나가는 일을 수월하게 해내는 분이었어요. 유진이와는 주중에 함께 보내는 물리적 시간이 부족하여 충분한 대화를 나누거나 다양한 일상 활동을 함께하기에는 현실적인 제약이 존재할 수 있어요. 하지만 주말에는 최선을 다해서 아이와 함께 놀아 주고, 야외 활동도 같이 나가려고 노력하였어요. 유진이는 활동적인 편이고 발산하고 싶은 에너지도 큰 편이어서 많이 뛰고 신나게 달리는 운동을 꾸준히 해야 하는 아이예요. 아이와 함께 즐거운 분위기에서 신체 활동을 하는 기회를 지금처럼 꾸준히 가져 보세요.

## SOLUTION | 솔루션

### "언어적 자극을 받아들일 수 있는 용량이 큰 아이입니다."

유진이는 영어 유치원에 다니면서 한국어와 영어를 사용하는 이중언어 환경에서 자라고 있습니다. 이중언어 환경에서 자라는 아이들은 언어적 부담이 크고 언어적 발달 속도가 지연되기도 하나, 유진이의 경우 언어적 자극을 받아들일 수 있는 용량이 큰 편으로 한국어와 영어 모두를 모국어처럼 사용하고 있습니다. 다만, 알고 있는 언어적 정보를 영어로 표현하는 것을 더 선호하며 편하게 느끼고 있어 한국어로 소통하는 것이 상대적으로 원활하지 않다고 느낄 수 있습니다.

### "발달 수준에 적합한 한국어로 이야기하는 다양한 기회에 노출되는 것이 필요합니다."

유진이에게는 발달 수준에 적합한 한국어로 이야기하는 다양한 기회에 노출되는 것이 필요합니다. 가정에서 아이와 한국어로 언어적 소통을 할 때 다음과 같이 해 보는 것을 추천합니다. 아이와 대화할 때 좀 더 정교하고 정확한 어휘 및 용어를 사용하여 아이에게 좋은 모델이 되어 주시는 것이 좋습니다. 그리고 아이의 말에 반응할 때는 아이의 발달 단계에 적합한 어휘와 문장구조를 가진 말로 반복해서 말해 주시고, 아이의 질문에 단답형으로 반응하기보다는 주어, 서술어, 수식어를 사용하여 전체 문장을 사용하도록 격려해 주시기 바랍니다.

## "결과보다는 과정에 초점을 맞출 수 있도록 도와주어야 합니다."

무언가가 자기 마음대로 되지 않을 때, 다른 아이들에 비해 화나 짜증과 같은 기분을 강하게 표현할 수 있습니다. 스스로 무언가를 하고자 하는 마음이 크고 목표 수준이 높은 편이어서, 자신이 원하는 대로 되지 않을 때 예민해지면서 더 큰 좌절감을 느끼기 때문입니다. 유진이는 자기주장이 강하고, 경쟁적인 모습이 나타날 수 있습니다. 아이가 결과보다는 과정에 초점을 맞출 수 있도록 도와주어야 합니다. 놀이나 게임에서 이기는 것도 중요하지만, 친구들과 함께 즐기는 과정도 중요하다는 것을 알게 된다면 승패 자체에만 초점을 맞추지 않게 될 수 있습니다.

## 1. 성장 과정

- 언어 발달과 신체 발달이 모두 빠른 아이예요.
- 한글과 영어 습득이 모두 수월하였어요.
- 어릴 때부터 가정에서 다양한 학습 및 놀이 자극을 주었어유.

## 2. 내원 사유

- 학습 위주의 영어 유치원을 다니고 있으며, 영어로 자유롭게 말할 수 있어요.
- 한국어를 말할 때 자기 나이에 비해 미흡한 측면이 있는 것 같아요.
- 영어 유치원 수업은 잘 따라가는데, 한국어 발달도 잘되고 있는지 궁금해요.

## 3. 재능과 잠재력

- 전반적인 인지 발달은 상위 2% 이내의 탁월한 수준이에요.
- 한국어 발달도 또래 평균에 비해 매우 뛰어난 아이로 나타났어요.
- 타고난 지능이 우수하며, 다양한 경험을 통해 인지 발달이 촉진된 아이 같아요.

## 4. 마음 이해하기

- 아이가 성장할 때까지는 필요에 따라 안전하게 한계를 설정해 주는 것이 필요해요.

- 자기 마음대로 되지 않을 때 화나 짜증 같은 기분을 강하게 표현할 수 있어요.
- 이기는 것도 중요하지만, 즐기는 과정도 중요하다는 것을 알려 주세요.

## 5. 부모-자녀 관계

- 부모님은 아이에게 다양하고 새로운 자극과 기회를 주려고 노력하는 분들로 보여요.
- 일상에서 아이의 이야기를 경청하며, 아이의 눈높이에 맞춰 많은 대화를 나누고 있네요.
- 사랑과 신뢰로 애착 대상과 견고하게 연결되었다는 느낌을 받으면서 성장하고 있어요.

### Solution

★ 언어적 자극을 받아들일 수 있는 용량이 큰 아이입니다.

★ 언어적 정보를 영어로 표현하는 것을 더 선호하며, 편하게 느끼고 있습니다.

★ 발달 수준에 적합한 한국어로 이야기하는 다양한 기회에 노출되는 것이 필요합니다.

★ 결과보다는 과정에 초점을 맞출 수 있도록 도와주어야 합니다.

# 제2부
# 아동 사례

# CHAPTER 7

# 우리 아이가
# 주의력 결핍 과잉행동 장애인가요?

"새로운 자극을 탐색하려는
호기심과 에너지가 강한 아이입니다."

## 성장 과정을 알려 주세요

만 6세 5개월인 영민이는 체격이 또래보다 좋은 편이고, 운동신경이 뛰어나다는 이야기를 정말 많이 들었어요. 말도 일찍 하기 시작했고, 문장으로 말하는 것도 빠른 편이었어요. 지금도 이야기할 때 또렷하고 정확하게 하는 편인 것 같아요. 우리 아이는 활발하고 호기심이 많으면서 에너지가 높은 편인 것 같아요. 다른 아이들은 지치는 상황에서도 의욕이 넘칠 때가 종종 있어요. 유쾌하고 생동감 넘치는 아이라서 키울 때 기쁨도 크고, 즐거운 순간들도 정말 많았어요. 예를 들어, 무슨 음식을 해 줘도 "우리 엄

마 최고!!"라고 큰 소리로 말하면서 "진짜 맛있어요."라고 밀하는 피드백이 강한 아이예요. 놀이공원이나 수영장으로 놀러 갈 때는 잠시도 쉬지 않고 뛰어다녀서 성인 두 명이 아이 한 명을 보는 것이 벅차기도 했었어요.

유치원에 다닐 때부터 여러 가지 운동을 시켜 봤어요. 아파트 놀이터에서 뛰어노는 것만으로는 아이가 만족하지 못하는 것 같았거든요. 가만히 앉아 있기보다 활발하게 몸을 움직이는 것을 좋아하기도 하고, 잘하기도 했어요. 킥보드나 자전거도 금방 잘 타고, 균형 감각도 좋은 편이어서 지나가는 사람도 알아서 잘 피해 다니고, 코너를 돌 때도 속도를 별로 줄이지도 않는데 매끄럽게 잘 지나가고 그래요. 운동을 할 때도 적극적이고 승부 욕구도 강한 편이지요. 혼이 나도 주눅이 들지 않고, 자기주장을 잘하며, 도전적이고 진취적인 아이예요.

 내원 사유는 무엇인가요?

영민이는 초등학생으로, 어릴 때부터 다양한 스포츠를 해 왔어요. 무슨 운동이든 시키면 수월하게 하고, 실제로 두각을 나타냈어요. 작년 겨울에는 처음으로 스키 캠프를 갔었는데, 강습 몇 번만에 금방 잘 타기 시작했어요. 초급 코스를 몇 번 타다가 싫증을 내고, 중급이나 고급 코스를 타고 싶어 한다고 들었어요. 낯설거나 어려운 활동에도 겁을 내거나 주눅이 들지 않는 아이예요. 아직 어리니까 위험하거나 무모한 행동을 하지 못하도록 엄마와 아빠 모두 아이를 엄격하게 제한하는 편인 것 같아요. 스키를 탈 때도 다른 친구들은 고되고 지친다고 할 만큼 실컷 타고 나서도, 잠시 휴식 시간을 가지면 금방 에너지를 회복해서 별명이 급속 충전되는 아이였어요.

얼마 전 학기마다 하는 담임 선생님과의 면담에서, 관심이 없는 과목 시간에 자리에 앉아 있는 것을 지루해하고 수업 시간에 산만해 보인다는 이야기를 들었어요. 선생님께서 수업하는 중에도 주목받으려고 행동할 때가 많아 지도가 힘들다는 이야기도 하셨고요. 수업의 흐름을 깨는 유머나 과장된 액션을 할 때가 다른 아이들에 비해 유독 자주 있다고 해요. 집에서도 숙제하거나 학습지를 푸는 문제로 엄마, 아빠랑 부딪히는 일이 늘어났어요. 혹시 우리 아이가 매스컴에서 봤던 주의력 결핍 과잉행동 장애(ADHD)는 아닌지 걱정이 되어 내원하였어요.

 재능과 잠재력을 살펴보아요

한국 웩슬러 아동지능검사 5판(K-WISC-V)을 실시한 결과, 영민이의 전체 지능은 평균 상(上) 수준으로 나타났어요. 평균 상 수준은 110~119점까지의 범위로, 상위 25% 이내의 준수한 발달을 보인다는 것을 의미해요.

웩슬러 지능검사에는 다섯 가지 세부 지표가 있어요. 언어이해 지표는 평균 상(上) 수준으로, 언어적 이해력과 언어적 표현 능력이 준수한 편으로 보여요. 영민이가 여행을 갔다 오면 여행지에서 있었던 에피소드를 구체적이고 정확하게 이야기한다고 하셨던 것을 반영하는 결과 같네요.

특히 시공간 지표가 우수 수준으로, 시각적인 분석 및 통합 능력, 즉 시각적인 단서를 이용해 입체와 평면을 머릿속에 그려 보고 유추하는 능력이 뛰어나요. 우수 수준은 120~129점까지의 범위로, 상위 10% 이내의 뛰어난 발달을 보인다는 의미예요. 영민이는 운동신경도 좋지만 공간 지각 능력도 뛰어난 편인 것 같아요.

유동추론 지표도 우수 수준으로, 비언어적 개념을 이해하고 패턴 간 관계를 추론하는 능력도 탁월한 편이네요. 기본 원리나 개념을 설명할 때 잘 알아듣고, 응용하는 것을 수월하게 해낼 수 있는 아이 같아요.

작업기억 지표는 평균 상(上) 수준으로, 주의를 집중하고 유지하는 능력도 준수한 상태예요. 단순히 머릿속에 정보를 일시적으로 보유하는 것을 넘어서 머릿속의 정보를 능동적으로 조작하는 과정도 포함해요. 선생님이 수업 시간에 말씀하시는 것을 잘 듣고 순서대로 기억해서 해야 하는 상황을 떠올려 보세요. 학습하는 과정이나 일상에서 문제 해결을 할 때 필요한 능력이에요.

처리속도 지표도 평균 수준으로, 정해진 시간 내에 신속하고 오류 없이 반응하는 능력도 적절한 편으로 볼 수 있어요.

영민이는 비언어 영역이 특히 뛰어나고, 주의 집중력도 적절한 수준으로 나타났어요. 다만, 기질적으로 새로운 자극을 탐색하려는 호기심이 강하고 에너지 넘치는 성향도 강해 수업 시간에 산만하고 통제가 어려운 것처럼 보였던 것 같아요.

 마음을 이해해 보아요

영민이는 새로운 자극을 탐색하려는 호기심이 강하고, 주변 환경을 적극적으로 탐색하려는 경향이 높은 아이 같아요. 어린 시절부터 스포츠팀에서 집중적인 훈련을 받고, 이를 즐겁고 수월하게 해낼 수 있었던 것도 이와 같은 기질적 성향을 반영해요. 아이의 열정과 에너지를 강압적으로 누르려고 하거나 억지로 조절하지 않도록 주의할 필요가 있어요. 활력이 넘치기 때문에 산만하고 충동적인 아이처럼 보일 수 있어요. 특히 차분하게 집중해야 하는 상황에서 행동 조절이 원활하지 않을 가능성도 있어 보여요. 아이에게 무조건 얌전히 있거나 차분하게 공부하라고 요구하기보다는 스포츠나 여행, 캠핑과 같은 다양한 실외 활동을 통해

에너지를 발산할 수 있는 충분한 사유와 시간을 주는 것이 중요해요. 타고난 에너지를 적절히 조절하고 사용할 수 있도록 도와준다면, 향후 아이가 원하는 목표를 성취하기 위한 원동력이 될 수 있어요.

외향적이고 사교적인 아이이기 때문에 친밀한 관계에 대한 욕구가 높은 편이에요. 정서적 감수성이 잘 발달한 유형으로, 사회성이 좋은 아이로 평가될 수 있어요. 수업 시간에 주목받으려고 행동하는 이유도 아마 이 때문일 거예요. 영민이는 선생님의 무관심이 가장 견디기 힘들 거예요. 그래서 혼이 나는 것처럼 부정적인 관심이라도 받으려고 할 수 있어요. 이런 패턴을 바꾸려면, 아동이 학교에서 수업 시간의 흐름을 방해하지 않는 행동을 보일 때 이를 당연하게 여기면서 아무런 피드백을 안 하기보다는 잊지 말고 칭찬을 해 주는 것이 좋아요. 잘한 행동에 대해 긍정적인 관심을 집중적으로 주어야 그 행동이 더욱 강화될 수 있거든요. 반면, 적절하지 않은 행동에 대해서는 혼을 내거나 타이르면서 오랜 시간 대화하기보다는 단호하고 간결한 메시지로만 이야기하는 것이 부적절한 행동을 더 이상 강화하지 않게 할 수 있는 방법이에요.

아버지의 경우, 분명한 규칙을 선호하며 조심성이 많고 안전을 중시하는 분이었어요. 타인의 감정에 대한 민감성은 높지 않기 때문에 아이에게도 따뜻하고 친절한 태도는 부족하고, 엄격하고 원칙적인 모습을 주로 보였어요. 어머니는 활발하고 감수성이 풍부하면서 호기심 많은 성향이 영민이와 유사하여 아이와 부딪히는 면이 상대적으로 적었어요. 기질이란 태어나면서부터 가지고 있는 특성을 의미해요. 아이를 키울 때 기질 자체가 문제가 된다기보다는 그 기질이 교사나 부모의 훈육 태도 혹은 성격과 충돌할 때 문제가 발생할 수 있어요.

아버지와 어머니 모두 영민이와 함께 다양한 활동에 참여하려고 노력하고 있었어요. 아이의 잘못된 행동에 대처하는 규칙을 세우고, 이를 일관적으로 적용하는 훈육 행동도 적절하였어요. 하지만 친밀감과 같은 애착, 아이의 이야기를 경청하려는 태도, 자녀 양육에 대한 통제감이나 확신은 부족하였어요. 특히 일상적 양육 상황에서 느끼는 좌절감이 크고 아이를 통제할 때 느끼는 어려움이 많은 상태로 보였어요. 아이에게 엄격하게만 대하기보다 기질을 고려하여 지도해 주세요. 영민이는 에너지 수준이 높고, 활발하며, 호기심이 많은 아이입니다. 잘 다듬어 간다면 빛나는 재능이 더 반짝일 수 있을 거예요.

"다양한 실외 활동을 통해 에너지를 충분히 발산할 수 있도록 해 주어야 합니다."

영민이는 여러 스포츠 활동에 흥미를 느끼고 있으며, 집중적인 훈련을 받는 것을 즐겁고 수월하게 해내고 있습니다. 아이에게 무조건 얌전히 있거나 차분하게 공부하라고 요구하기보다 다양한 실외 활동을 통해 에너지를 발산할 수 있는 충분한 자유와 시간을 주는 것이 필요합니다. 아이가 좋아하는 활동에 집중해 보고, 행동을 조절함으로써 얻을 수 있는 내적 · 외적 보상을 스스로 경험할 수 있도록 하는 것이 중요합니다. 타고난 에너지를 적절히 조절하고 사용할 수 있도록 도와준다면, 향후 아이가 원하는 목표를 성취하기 위한 원동력이 될 수 있습니다.

"지켜야 하는 규칙이나 약속은 명확하고 분명하게 지시해야 합니다."

아이가 지켜야 하는 규칙이나 약속을 미리 안내해 주어 아이가 스스로 행동을 조절하는 기회를 주어야 합니다. 지시할 때는 아이가 쉽게 이해할 수 있는 말로 명확하고 분명하게 해야 합니다. 이 경우, 부모나 교사는 상당한 인내심이 필요할 수 있습니다. 때로는 아이가 충동적인 행동이나 무모한 도전을 할 수도 있습니다. 아직 스스로 조절하는 능력을 발달시켜 가는 과정에 있으므로, 아이가 성장하여 독립적인 성인이 될 때까지는 위험한 상황에 노출되지 않도록 부모나 교사가 한계 설정을 해 주어야 합니다.

## "잘한 행동에 대해 긍정적인 관심을 집중적으로 주어야 그 행동이 더욱 강화될 수 있습니다."

영민이는 외향적이고 사교적인 아이여서 친밀한 관계에 대한 욕구가 높은 편입니다. 정서적 감수성이 잘 발달한 유형으로, 사회성이 좋은 아이로 평가될 수 있습니다. 수업 시간에 주목받으려고 행동하는 이유도 이 때문입니다. 영민이는 선생님의 무관심이 가장 견디기 힘들 수 있습니다. 그래서 혼나는 것과 같이 부정적인 관심이라도 받으려고 하는 모습이 나타나는 것입니다. 이런 패턴을 바꾸려면, 영민이가 학교에서 수업 시간의 흐름을 방해하지 않는 행동을 보일 때 이를 당연하게 여기면서 아무런 피드백을 안 하기보다는 잊지 말고 칭찬해 주는 것이 좋습니다. 잘한 행동에 대해 긍정적인 관심을 집중적으로 주어야 그 행동이 더욱 강화될 수 있습니다. 반면, 적절하지 않은 행동에 대해서는 혼을 내거나 타이르면서 오랜 시간 대화하기보다는 단호하고 간결한 메시지로만 이야기하는 것이 부적절한 행동을 더 이상 강화하지 않게 할 수 있는 방법입니다.

## 1. 성장 과정

- 활발하고 호기심이 많은 아이예요.
- 운동신경이 뛰어나고, 균형 감각도 좋은 편이에요.
- 적극적이고 승부 욕구가 강하면서 진취적인 아이 같아요.

## 2. 내원 사유

- 담임 선생님과의 면담에서 수업 시간에 산만해 보인다는 이야기를 들었어요.
- 수업의 흐름을 깨는 유머나 과장된 액션을 할 때가 많아 지도가 힘들다고 해요.
- 우리 아이가 주의력 결핍 과잉행동 장애(ADHD)는 아닌지 걱정이 되어 내원했어요.

## 3. 재능과 잠재력

- 공간 지각 능력이 뛰어나고, 비언어적 개념에 대한 이해가 빠른 아이예요.
- 부모님께서 걱정하셨던 주의 집중력도 적절한 수준으로 나타났어요.
- 호기심이 강하고, 에너지 넘치는 성향도 강해 수업 시간에 산만해 보였던 것 같아요.

## 4. 마음 이해하기

- 아이의 열정과 에너지를 강압적으로 누르려고 하지 마세요.

- 에너지를 적절히 조절할 수 있다면, 목표를 성취하기 위한 원동력이 될 수 있어요.
- 적절하지 않은 행동에 대해서는 단호하고 간결한 메시지로만 이야기하세요.

## 5. 부모-자녀 관계

- 아이를 키울 때 기질 자체는 문제가 되지 않아요.
- 아이의 기질이 교사나 부모의 훈육 태도나 성격과 충돌할 때 문제가 발생해요.
- 아이에게 엄격하게만 대하기보다 기질을 고려하여 지도해 주세요.

## Solution

★ 다양한 실외 활동을 통해 에너지를 충분히 발산할 수 있도록 해 주어야 합니다.

★ 지켜야 하는 규칙이나 약속은 명확하고 분명하게 지시해야 합니다.

★ 아이가 위험한 상황에 노출되지 않도록 부모나 교사가 한계 설정을 해 주어야 합니다.

★ 잘한 행동에 대해 긍정적인 관심을 집중적으로 주어야 그 행동이 더욱 강화될 수 있습니다.

# 우리 아이가
# 자폐 스펙트럼인가요?

"독자적이고 자율적인
**전문직에 적합한 영재**입니다."

 성장 과정을 알려 주세요

만 9세 3개월인 승호는 어린 시절부터 한 가지에 빠지면 완전히 몰입하여 전문가 수준이 될 정도로 파고들었어요. 유아기에 수십 종류의 공룡 이름을 그림만 보고도 말할 정도였고, 공룡 책을 계속 보고, 복잡한 공룡 퍼즐을 혼자 다 맞추어서 신기하다는 생각이 들 정도였어요. 그러다가 언젠가부터 자동차에 관심을 가지기 시작했어요. 지나가는 자동차를 보면 브랜드, 모델명, 연식까지 알 정도였어요. 아이가 자동차를 좋아해서 자동차 박물관, 드라이빙 센터도 여러 번 갔고요. 평소에는 아파트 지하 주차장처

럼 다양한 차량을 볼 수 있는 공간 자체를 좋아했어요. 초등학교에 입학할 때쯤에는 비행기, 기차, 지하철, 버스 같은 교통수단으로 관심이 확장되었어요. 비행기나 기차를 자주 타기는 어려우니까 지하철이나 버스를 정해진 목적지 없이 타고 다니는 것을 좋아해요. 지하철이나 버스는 노선도를 보지 않아도 될 정도로 경유하는 정류장을 순서대로 기억해서 엄마, 아빠한테 알려 주기도 해요. 자신이 좋아하는 분야에 집중하고 몰입하는 능력이 뛰어나서 그 분야에는 백과사전 같은 해박한 지식을 가지고 있어요.

 내원 사유는 무엇인가요?

한 가지에 빠지면 지나칠 정도로 몰두하는 모습이 혹시 과도한 것은 아닐까 걱정이 되어서 객관적인 평가를 받아 보고 싶었어요. 자기중심적으로 판단하는 경향도 강한 것 같고요. 엄마, 아빠나 학교 선생님에게도 순응적이지 않은 말과 행동을 하고, 다른 사람의 감정을 공감하거나 배려하지 못하는 것 같아요. 성격이나 사회성이 평범하지 않은 것처럼 보여요. 학습 측면에서는 어떻게 지도해야 할지, 적성과 기질에 맞는 직업은 무엇일지 추천도 받고 싶어요. 부모가 직장 생활이 너무 바빠서 아이와 함께 보낼 시간이 많지 않고 신경을 못 써 주고 있어서 심리, 정서 부분에 대해서도 궁금해요. 유치원 때까지는 순하고 귀여운 편이었는데 초등학생이 되면서 적극적으로 자기주장을 하는 모습이 센 편이라고 느껴지고, 부모나 교사와 부딪혀도 물러서지 않고 맞서려고 해서 반항을 한다는 생각이 들기도 해요. 우리 아이, 잘 자라고 있는 것일까요? 혹은 도와주어야 할 부분이 있는 것일까요? 예를 들어서, 책을 읽을 때도 다방면의 상식을 습득해야 하는 시기인데 자기가 좋아하는 분야의 책만 읽어요. 그래서 일부러 여러 학습지를 받아 보고 있는데, 내키지 않는 과목은 거의 풀지도 않아요. 어떻게 공부시키는 것이 좋을까요?

 재능과 잠재력을 살펴보아요

한국 웩슬러 아동지능검사 5판(K-WISC-V)을 실시한 결과, 승호의 전체 지능은 매우 우수 수준으로 나타났어요. 매우 우수 수준은 130점 이상의 범위로, 상위 2% 이내의 탁월한 수준의 발달을 보인다는 것을 의미해요.

웩슬러 지능검사에는 다섯 가지 세부 지표가 있어요. 언어이해 지표에서 매우 우수 수준으로, 평균적인 또래와 비교해 봤을 때 언어적 이해력이 탁월하게 뛰어나면서 언어적 표현력이 상당히 정교하고 정확한 편으로 보여요.

시공간 지표는 우수 수준으로, 시사석인 난서를 이용해 입제와 평면을 머릿속에 그려 보고 유추하는 능력이 뛰어난 편으로 나타났어요. 우수 수준은 120~129점까지의 범위로, 상위 10% 이내에 해당한다는 의미예요.

유동추론 지표도 매우 우수 수준으로, 비언어적 개념을 이해하고 패턴 간 관계를 추론하는 능력도 탁월한 편이네요. 기본 원리나 개념을 설명할 때 잘 알아듣고, 응용하는 것을 수월하게 해낼 수 있는 아이 같아요.

작업기억 지표도 우수 수준으로, 주의를 집중하고 유지하는 능력도 양호한 편으로 나타나고 있어요. 단순히 머릿속에 정보를 일시적으로 보유하는 것을 넘어 머릿속의 정보를 능동적으로 조작하는 과정도 포함하는 능력으로, 머릿속에 존재하는 스케치북에 비유할 수 있어요. 필기하거나 출력된 형태로 제시되지 않는 문제, 예를 들어 복잡한 연산을 암산으로 해야 할 때 혹은 선생님이 수업 시간에 말씀하시는 것을 잘 듣고 순서대로 기억해서 체계화하여 정리할 때도 필요한 능력이에요.

처리속도 지표는 평균 상(上) 수준으로, 정해진 시간 내에 신속하고 오류 없이 반응하는 능력도 준수한 편으로 나타났어요. 평균 상 수준은 110~119점까지의 범위로, 상위 25% 이내의 준수한 발달을 보인다는 것을 의미해요. 다른 인지 영역과 비교하면 상대적인 약점으로 볼 수 있는데, 이는 승호의 완벽주의 성향과 관련된 것처럼 여겨져요. 예를 들어, 표적 자극과 같은 반응 자극을 찾아야 하는 과제에서 여러 번 점검하느라 반응 속도가 조금 느려졌는데, 이는 약간의 실수도 보이려 하지 않아서 나타난 행동일 수 있어요. 체계화하고 조직화하는 능력이 뛰어난 꼼꼼한 아이들에게서 많이 관찰되는 모습이에요.

학습 효율이 뛰어난 아이이기 때문에 비슷한 유형의 문제를 반복해서 풀어야 하는 학습은 단조롭다고 느낄 수 있어요. 예를 들어, 독서나 논술의 경우 혼자서 하는 것보다는 대화, 토론, 발표와 같은 양방향 의사소통을 주도적으로 하는 방식의 적극적인 학습 환경이 필요할 것 같아요. 또한 아이가 좋아하는 수학, 과학을 공부할 때도 도전적인 과제에 대한 적정한 분량의 학습을 제공해 주지 않으면 단조롭고 지루하다고 느낄 수 있어요.

### ☕ 마음을 이해해 보아요

승호는 자신이 완벽하게 수행할 것 같다는 확신이 들지 않으면 시도를 잘 하지 않는 아이 같아요. 자신의 미흡함을 보이려고 하지 않는 성향이 강한 아이이기 때문에, 아이와 대화할 때는 시험 점수와 같은 결과보다는 그 과정에서의 노력에 초점을 맞추어야 해요. 또한 완벽하게 준비되지 않아도 시작할 수 있도록 용기를 주고, 격려해 주어야 해요. 자신의 미흡한 모습을 부모에게도 보이려 하지 않기 때문에 혼자서 시행착오를 해 볼 수 있는 시간과 공간, 기회를 주어야 해요.

승호는 한 가지에 빠지면 완전히 몰입하여 전문가 수준이 될 정도로 탐구하는 아이처럼 보여요. 유아기부터 자동차, 지하철, 버스에 대해 유독 관심이 많아서 백과사전 같은 지식을 보유하고 있죠. 자동차를 보면 브랜드, 모델, 연식에 대해 해박할 정도로 잘 알고, 지하철이나 버스는 노선도를 보지 않아도 될 정도로 경유하는 정류장을 순서대로 기억할 수 있다니 대단하네요. 이와 같은 강력한 몰입은 영재성을 보이는 신호일 수 있어요. 앞으로 성장하면서 다방면에 두루두루 관심이 많은 다재다능한 유형에 해당하기보다는 자신만의 전문 분야에서 탁월한 성취를 하는 편에 더 가까울 것 같아요. 관심 분야에 대한 강력한 몰입은 향후 전문성의 척도가 될 수 있답니다.

부모님께서는 아이가 특정 분야의 책만 읽어서 일반적인 상식이 부족할까 봐 우려하시는 것 같아요. 책 읽기와 글을 써 보는 훈련은 스스로 호기심이 유발되는 주제로 하는 것이 효과적이에요. 책은 주제와 상관없이 문장구조 체계가 유사하기 때문에 특정 주제로만 읽기, 쓰기를 해도 문해력 발달에 큰 차이는 없어요. 부모님께서 다양한 주제의 책을 지정하여 읽게 하기보다는 개방형 도서관이나 대형 서점에 아이와 함께 가서 아이가 스스로 읽고 싶은 책을 선택하도록 하는 것이 더 좋아요. 왜냐하면 아이가 자발적으로 몰입할 수 있는 관심 분야의 독서를 할 때 사고하는 능력이 확장될 수 있기 때문이에요.

### 부모-자녀 관계를 알아보아요

어머니와 아버지 모두 절제되고 조용한 분으로, 이제까지 주말에는 집에 있거나 아이와 함께 박물관이나 미술관 같은 정적인 공간을 주로 다니셨다고 해요. 하지만 승호는 기질적으로 새로운 경험을 탐색하려는 호기심이 강한 아이예요. 위험하거나 해로운 활동에 대해서는 한계 설정이 필요하나, 에너지 수준이 높은 아이가 원하는 다양한 체험을 제약할 필요는 없어요. 승호는 지하철, 버스, 기차를 타고 여행하는 것을 즐기고 좋아하며, 자동차 박물관이나 드라이빙 센터에 자주 가는 것을 원하고 있어요.

부모님이 보기에는 목적지 없이 교통수단을 타고 다니는 일이 의미 없는 일처럼 보일 수 있지만, 기계에 관심이 많은 아이에게는 탐험과 모험처럼 느껴질 수 있어요. 드라이빙 센터는 아이에게 마치 놀이동산이나 리조트에 온 것 같은 즐거움을 경험하게 해 줄 거예요. 부모님도 해야 할 일정이 있을 때는 아이가 원하는 것을 다 들어주기는 어려워요. 하지만 계절이 바뀔 때마다 한 번 정도 혹은 여름이나 겨울 휴가 기간에는 아이가 경험하기를 원하는 체험 위주로 일정을 계획해 보는 것을 추천합니다.

"독자적이고 자율적인 전문직에 적합합니다."

  승호는 향후 위계적인 조직 생활보다는 독자적이고 자율적으로 전문적인 업무를 수행하는 영역에서 잘 적응할 것으로 생각됩니다. 진로 및 적성을 살펴보면, 지적 호기심이 많고 관찰력이 있으며, 조사하고 연구하는 것을 좋아합니다. 합리적이고 논리적이며, 수학과 과학 분야에 소질이 있습니다. 학업과 같이 지적 탐구와 성취하는 활동에 대하여 집중력이 강한 편으로, 이공계 분야의 대학교수, 박사급 연구원, 의사와 같은 직업에 적합합니다. 평균적인 또래에 비해 지능 수준이 탁월한 편이기 때문에 일반적인 공교육만으로는 아동이 원하는 지적 자극이 부족할 수 있습니다. 정규교육만 받게 하는 것보다는 학습 속도와 지적 능력이 비슷한 또래와의 양방향 의사소통과 담당 교사의 집중적인 피드백을 받을 수 있는 소규모 특별 프로그램을 병행해 볼 것을 추천합니다. 앞으로도 아동의 매우 우수한 인지 발달 수준에 맞는 커리큘럼이 있는 교육 기관으로의 진학 등 적극적인 학업 설계가 필요합니다.


"학습 효율이 뛰어난 아이여서 반복 학습보다는 창의적인 학습이 필요합니다."

  매일 영어 공부와 국어, 수학 문제집을 번갈아 풀어야 하는 획일화된 학업 계획은 동기 부여에 효과적이지 않습니다. 표준적인 커리큘럼의 과목 학습은 평균적인 또래보다 학습 시간을 짧고 강력하게 구성해야 합니다. 왜냐하면 다른 아이들은 대여섯 번 넘게 연습해야 이해할 수 있는 기본 원리나 개념을 두세 번의 노출만으로도 수월하게 학습할 수 있기 때문입니다. 특히 수리 영역에서 실제 나이보다 몇 년 앞서는 수준의 문제도 큰 노력 없이 직관적으로 풀었던 에피소드도 있으며, 공간 지각 능력도 뛰어난 편이기 때문에 수학, 과학 학습에서 다른 아이들보다 상대적으로 적은 노력으로도 우수한 수행을 보일 수 있습니다. 실제로 학교에서도 수업 시간 중에 해야 할 과제를 마치는 데 절반 이하의 시간만 소요되며, 정답률도 높은 상태입니다. 표준적인 아이들의 경우 학습을 할 때 일정한 시간 동안 반복 학습을 하면서 숙련되는 것이 필요하지만, 지능 수준이 탁월한 경우 평균적인 또래와는 효과적인 학습 전략에서 차별화가 필요합니다.

## "자발적으로 몰입할 수 있는 관심 분야의 독서를 할 때 사고하는 능력이 확장될 수 있습니다."

부모님께서는 아이가 특정 분야의 책만 읽어서 일반적인 상식이 부족할까 봐 우려하시는 것 같습니다. 책 읽기와 글을 써 보는 훈련은 스스로 호기심이 유발되는 주제로 하는 것이 효과적입니다. 책은 주제와 상관없이 문장구조 체계가 유사하여 특정 주제로만 읽기, 쓰기를 해도 문해력 발달에 큰 차이는 없습니다. 부모님께서 다양한 주제의 책을 지정하여 읽게 하기보다는 개방형 도서관이나 대형 서점에 아이와 함께 가서 아이가 스스로 읽고 싶은 책을 선택하도록 하는 것이 더 좋습니다. 왜냐하면 아이가 자발적으로 몰입할 수 있는 관심 분야의 독서를 할 때 사고하는 능력이 확장되기 때문입니다.

## "타인을 이해할 수 있도록 꾸준히 설명해 주어야 합니다."

명석하고, 이성적이며, 분석적인 판단이 빠른 편입니다. 적극적이고 대담한 편으로 거리낌 없이 행동할 때가 많고, 승부 욕구가 강해 보입니다. 다른 사람의 감정을 민감하게 살피는 것이 익숙하지 않으며, 사소한 갈등이나 대립에 크게 신경 쓰지 않는 편입니다. 자신을 드러내려는 성향이 강하고, 관계를 주도하려는 모습을 보일 때가 많습니다. 대인 관계에서 다른 사람의 감정에 대한 배려가 부족할 수 있으며, 타인의 감정을 공감하지 못해 자기중심적으로 보이는 행동을 할 수 있습니다. 또한 부모나 교사와 의견이 다를 때 적극적으로 자기주장을 하거나 순응적이지 않은 말을 하는 모습도 나타날 수 있습니다. 이 경우, 지적과 비판보다는 다양성에 대한 이해와 더불어 자기의 생각이 정당하다고 하더라도 다른 사람이 수용할 수 있는 형태로 정제하고 순화해서 의견을 전달하는 연습을 하는 것이 필요합니다. 다른 사람의 감정, 생각, 입장에 대해 아이와 함께 이야기를 나누면서 타인을 이해할 수 있도록 꾸준히 설명해 주어야 합니다.

## 1. 성장 과정

- 어린 시절부터 한 가지에 빠지면 완전히 몰입하여 파고들어요.
- 지나가는 자동차의 브랜드, 모델명, 연식까지 다 알 정도예요.
- 지하철이나 버스는 노선도를 보지 않아도 될 정도로 경유하는 정류장을 기억해요.

## 2. 내원 사유

- 성격이나 사회성이 평범하지 않은 것 같아요.
- 적성이나 기질에 맞는 직업 추천을 받고 싶어요.
- 아이의 심리, 정서 부분에 대해서도 궁금해요.

## 3. 재능과 잠재력

- 평균적인 또래와 비교해 봤을 때 지능 수준이 탁월한 편이에요.
- 원리나 개념을 설명할 때 수월하게 이해하고, 응용할 수 있는 아이랍니다.
- 도전적인 과제에 대한 적정한 분량의 학습을 제공해 주는 것이 필요해요.

## 4. 마음 이해하기

- 자신의 미흡한 모습을 부모에게도 보이려고 하지 않는 완벽주의 성향이 있어요.
- 관심 분야에 대한 강력한 몰입은 향후 전문성의 척도가 될 수 있답니다.
- 자발적으로 몰입할 수 있는 분야의 독서를 할 때 사고하는 능력이 확장될 수 있어요.

## 5. 부모-자녀 관계

- 새로운 경험을 탐색하려는 호기심이 강하고, 에너지 수준이 높은 아이랍니다.
- 한계 설정은 필요하나 아이가 원하는 다양한 체험을 제약할 필요는 없어요.
- 아이가 원하는 활동은 아이에게는 탐험과 모험처럼 느껴지는 경험이랍니다.

### Solution

★ 독자적이고 자율적인 전문직에 적합합니다.

★ 학습 효율이 뛰어난 아이여서 반복 학습보다 창의적인 학습이 필요합니다.

★ 자발적으로 몰입할 수 있는 관심 분야의 독서를 할 때 사고하는 능력이 확장될 수 있습니다.

★ 타인을 이해할 수 있도록 꾸준히 설명해 주어야 합니다.

# 수학 과목을 싫어하고,
# 안 하려고 해요

"수학 문제를 직관적으로 풀게 하기보다
**구체적인 언어적 해설이 필요합니다.**"

 ☼ 성장 과정을 알려 주세요

만 8세 2개월인 준서는 어렸을 때 신체 발달이나 말을 하는 것에
있어서 늦는다는 생각이 든 적은 없었어요. 걷기, 뛰기 같은 것도
또래와 비슷하게 시작했고, 단어나 문장으로 이야기하는 것도 자
기 나이만큼 해 왔던 것 같아요. 남자아이지만 유치원에 다닐 때
부터 여자 친구들과 더 잘 어울렸어요. 밖에서 신체 활동을 하는
것보다 실내에서 이야기하며 노는 것을 훨씬 더 좋아해요. 또래
남자 친구들이 점심시간이나 방과 후에 모여서 축구를 할 때 같이
하는 경우가 이제까지 거의 없었어요. 킥보드 타는 것도 별로 좋

아하시 않았고, 자선서는 배우기는 했지만 스스로 즐겨 하는 편은 아니었어요. 주말에도 새로운 장소로 여행을 가는 것보다는 집에 있는 것을 편안해하는 아이 같아요. 집에 있을 때는 가족들이 같이 거실에서 영화를 볼 때가 많은데, 다른 가족들은 기억하지도 못하는 영화의 대사를 정확하게 말해서 깜짝 놀랄 때가 있어요.

 **내원 사유는 무엇인가요?**

우리 아이는 수학 과목을 싫어하고, 수학 공부를 안 하려고 해요. 영어는 어린 시절부터 꾸준히 해 와서 그런지 또래보다 잘하는 것 같고, 사회나 과학 과목도 진도를 잘 따라가요. 국어는 글쓰기를 하는 것은 별로 좋아하지 않지만, 독서는 즐겨 하는 편이에요. 좋아하는 활동을 할 때는 오랜 시간 집중도 잘하는 것 같아요. 그런데 수학은 언젠가부터 숙제나 학습지를 풀 때도 하기 싫어하고, 문제를 풀 때도 시간이 오래 걸려요. 최근에는 수학 퀴즈를 해 봤는데 갑자기 많이 틀려서, 혹시 수학을 포기하는 아이가 되면 어쩌나 걱정이 되었어요. 아이가 수학을 안 하려고 하는 이유를 정확하게 알아보고 싶고, 학습하는 방향에 대해서도 전문적인 조언을 듣고 싶어요. 차분하고 순한 아이지만, 친한 친구가 성적을 잘 받아도 경쟁의식을 느끼면서 잘하려고 하기보다는 아무 걱정 없고 느긋하기

만 한 것 같아 답답한 마음이 들 때가 있어요. 스포츠를 잘 못하고, 남자 친구들과 어울리지 못하는 이유도 궁금해요.

 재능과 잠재력을 살펴보아요

한국 웩슬러 아동지능검사 5판(K-WISC-V)을 실시한 결과, 준서의 전체 지능은 평균 수준으로 나타났어요. 평균 수준이라는 것은 90~109점까지의 범위이고요. 같은 나이의 아이들 100명 중 50%가 이 범위 안에 있어요. 즉, 100명 중에서 상위 25%와 하위 25%를 제외한 아이들이 평균 범위라고 볼 수 있답니다.

웩슬러 지능검사에는 다섯 가지 세부 지표가 있어요. 언어이해 지표는 우수 수준으로, 평균적인 또래와 비교해 봤을 때 언어적 이해력이 뛰어나면서 언어적 표현력이 상당히 정교하고 정확한 편으로 보여요. 우수 수준은 120~129점까지의 범위로, 상위 10% 이내의 뛰어난 발달을 보인다는 의미예요.

이와 비교해서 시각적인 단서를 이용해 입체와 평면을 머릿속에 그려 보고 유추하는 능력을 측정하는 시공간 지표에서는 평균 하(下) 수준으로 나타났어요.

또한 비언어적 개념을 이해하고, 패턴 간 관계를 추론하는 능력을 측정하는 유동추론 지표에서도 평균 하(下) 수준이었어요. 평균 하 수준은 80~89섬까지의 범위로, 하위 25% 이내라는 것을 의미해요. 즉, 비언어 영역이 정상 범위이기는 하나, 언어 영역에 비해 40점 가까이 낮게 나타나 상대적 약점으로 나타났어요. 이는 아동이 수학 과목에서 직관적으로 이해하여 문제를 풀기보다는 언어적 설명과 함께 가르쳐 주는 과정이 학습에 필요하다는 것을 의미해요. 특히 도형, 지도, 그래프와 같이 비언어적 지표들을 해석할 때 다양한 유형의 문제들을 접해 보고, 자세한 설명과 함께 반복적으로 풀어 보면서 숙련되면 수학 과목을 공부할 때 시금보다 동기 부여가 될 수 있어요.

작업기억 지표는 우수 수준으로, 주의를 집중하고 유지하는 능력도 뛰어난 아이 같아요. 주의 집중력이란 단순히 머릿속에 정보를 일시적으로 보유하는 것을 넘어서서 머릿속의 정보를 능동적으로 조작하는 것도 포함하는 능력을 말해요.

처리속도 지표는 평균 하(下) 수준으로, 정해진 시간 내에 신속하고 오류 없이 반응하는 능력과 시각-운동 협응 능력은 다소 부족한 편이에요. 소근육 활동을 할 때 능숙하고 민첩하게 하지는 못한다는 보고와도 일치하는 결과로 보여요.

## ☕ 마음을 이해해 보아요

심리적으로 섬세하고 민감하며 감수성이 풍부한 아이 같아요. 다른 사람의 표정이나 말투, 태도의 미묘한 뉘앙스도 파악이 빠른 편일 것 같네요. 언어적 의사소통 능력이 뛰어나고 공감 능력이 높은 편이어서, 활발한 신체 활동을 선호하는 남자아이들보다 여자아이들과 대화하는 것을 더 선호할 수 있어요. 다정다감하고 따뜻한 편이며, 상대방 입장을 잘 헤아려서 배려해 주는 아이로 보이네요. 이타적이어서, 위로가 필요한 사람에게 위로해 주는 방법을 따로 가르쳐 주지 않아도 잘 아는 유형이에요.

준서는 침착하고 낙관적인 아이예요. 하지만 끈기와 참을성이 부족하고 노력을 많이 하지 않기 때문에 좌절이나 비판, 피로와 같은 장애물이 나타나면 치열하게 노력하기보다는 쉽게 포기하는 모습이 나타날 수 있어요. 성취에 대한 야망이 적어서 더 나은 성취나 개선을 위해서 더 이상 노력을 기울이거나 도전할 필요를 느끼지 않을 수 있으며, 현실에 안주하여 보유한 능력에 비해 낮은 성취도를 보일 가능성도 관찰되네요. 경쟁보다는 협동을 선호하는 아이이고, 변화나 다양성은 좋아하지 않아서 야외 활동보다는 집에서 보내는 시간을 더 편안해할 수 있어요.

처음부터 어려운 일을 끝까지 해내려 하기보다는 좌절을 극복하고 인내하여 맡은 책임을 끝까지 완수해 내는 작은 경험을 늘려 나가는 것이 필요해요. 또한 앞으로 성장하여 자기 주도적인 학습을 하는 것이 가능해질 때까지는 오늘, 이번 주, 이번 달에 해야 할 일의 목록을 부모가 함께 작성해 보고, 이를 달성하였는지를 표시하도록 하는 방식으로 학업 수행에서 어느 정도 구조화를 해 주는 것이 도움이 될 것 같아요.

 ## 부모-자녀 관계를 알아보아요

어머니는 외부의 영향에 쉽게 동요되지 않고 절제된 모습을 선호하는 분으로, 한결같은 모습이 아동에게 심리적인 안정감을 주는 역할을 하고 있어요. 합리적이고 객관적인 편으로, 모호하고 불확실한 상태를 좋아하지 않아 아이가 수학 과목을 싫어하고 안 하려고 할 때 명확한 원인이나 구체적인 개입 방향에 대해 알지 못하는 상황에서 막연한 불안이 커질 수 있어요. 아이와의 관계를 살펴보면, 친밀감과 같은 애착, 경청과 같은 의사소통, 아이와 함께 다양한 활동에 참여하는 정도가 준수한 편으로 나타났어요. 하지만 일관적인 훈육이 부족하며, 자녀 양육에 대한 통제감이나 확신이 낮고, 관계 좌절감이 높았어요. 어머니의 경우, 아이와의 관계에서 자신이 잘하고 있는 부분보다 미흡한 측면에 집중하는 경향이 있어요. 아이는 지금도 충분히 잘 자라고 있으니, 자녀 양육에 있어 편안함이나 확신을 가지는 것도 필요해요.

아버지는 활발하고 적극적인 편이지만, 차분함이나 신중함이 요구되는 역할도 무리 없이 해낼 수 있는 유연함과 균형감이 있는 분이었어요. 감정의 동요나 기복이 적고, 부정적인 정서를 표출하는 경우가 많지 않아 주변 사람들과 갈등을 겪는 일이 거의 없는 무던한 사람처럼 보였어요. 자녀와의 관계에서도 일관적인 훈육을 잘하고 있으며, 양육에 대한 통제감이나 확신도 높은 편이고, 관계 좌절감도 낮았어요. 자율적이고 독립적인 업무가 잘 맞는 성취 지향적인 분으로, 일상생활에서도 업무 중심적이고 목표 지향적인 삶의 패턴이 뚜렷할 수 있어요. 아이와도 관계에서도 친밀감과 같은 애착, 경청과 같은 의사소통이 약간 부족한 편으로 나타났어요. 친밀감 표현을 어색해하여 무심하다는 인상을 줄 수 있으니, 아이와 감정을 교류하는 경험을 늘려 나가기 위한 노력을 해 볼 것을 추천합니다.

**SOLUTION** | 솔루션

"수학 문제를 직관적으로 풀게 하기보다 구체적인 언어적 해설이 필요합니다."

웩슬러 지능검사 결과, 비언어 영역이 정상 범위이기는 하나 언어 영역에 비해 40점 가까이 낮게 나타나 상내적 약점입니다. 이는 아동이 수학 과목에서 직관적으로 이해하여 문제를 풀기보다는 언어적 설명과 함께 가르쳐 주는 과정이 학습에 필요하다는 것을 의미합니다. 특히 도형, 지도, 그래프와 같이 비언어적 지표들을 해석할 때 다양한 유형의 문제들을 접해 보고, 구체적인 해설과 함께 반복적으로 풀어 보면서 숙련되면 수학 과목을 공부할 때 지금보다 동기 부여가 될 수 있습니다.

## "이공계보다 인문, 사회 분야로 진출할 때 노력 대비 성과가 좋을 수 있습니다."

부모님은 면담에서 아동이 향후 공대에 진학하여 엔지니어가 되기를 원한다고 하였으며, 특히 반도체학과나 전자공학과를 선호한다고 말하였습니다. 하지만 아동은 사회적 · 교육적 역량은 높지만 과학적 · 체계적 능력은 부족한 편으로, 공학 같은 이공계보다 인문, 사회 분야로 진출할 때 노력 대비 성과가 좋은 유형으로 생각됩니다. 잘하는 과목과 못하는 과목 간 편차가 뚜렷한 아이로 여겨지며, 진로 선택에 있어서 두각을 나타낼 수 있는 전공이나 직업에 대한 안내가 필요합니다.

## "언어적 의사소통 능력이 뛰어나고, 공감 능력이 높은 아이입니다."

심리적으로 섬세하고 민감하며, 침착하고 낙관적인 아이로 보입니다. 언어적 의사소통 능력이 뛰어나고, 공감 능력이 높은 편이어서 활발한 신체 활동을 선호하는 남자아이들보다 여자아이들과 대화하는 것을 더 선호할 수 있습니다. 다정다감하고 따뜻한 편이며, 상대방 입장을 잘 헤아려서 배려해 주는 아이로 보입니다. 이타적이어서, 위로가 필요한 사람에게 위로해 주는 방법을 따로 가르쳐 주지 않아도 잘 아는 유형에 해당합니다.

**"앞으로 성장하여 자기 주도적인 학습을 하는 것이 가능해질 때까지는 학업 수행에서 어느 정도 구조화를 해 주어야 합니다."**

끈기와 참을성이 부족하고, 노력을 많이 하지 않기 때문에 좌절이나 비판, 피로와 같은 장애물이 나타나면, 치열하게 노력하기보다는 쉽게 포기하는 모습이 나타나는 것으로 생각됩니다. 성취에 대한 야망이 적어서 더 나은 성취나 개선을 위해서 더 이상 노력을 기울이거나 도전할 필요를 느끼지 않을 수 있습니다. 현실에 안주하여 보유한 능력에 비해 낮은 성취도를 보일 가능성도 시사됩니다. 경쟁보다는 협동을 선호하기 때문에 친구에게 경쟁의식을 별로 느끼지 않을 수 있습니다. 처음부터 어려운 일을 끝까지 해내려 하기보다는 좌절을 극복하고 인내하여 맡은 책임을 끝까지 완수해 내는 작은 경험을 늘려 나가야 합니다. 또한 앞으로 성장하여 자기 주도적인 학습을 하는 것이 가능해질 때까지는 오늘, 이번 주, 이번 달에 해야 할 일의 목록을 부모가 함께 작성해 보고, 이를 달성하였는지를 표시하도록 하는 방식으로 학업 수행에서 어느 정도 구조화를 해 주어야 합니다.

| 요약 |

## 1. 성장 과정

- 남자아이지만 유치원에 다닐 때부터 여자 친구들과 더 잘 어울렸어요.
- 밖에서 신체 활동을 하는 것보다 실내에서 이야기하며 노는 것을 더 좋아해요.
- 주말에도 새로운 장소로 여행을 가는 것보다는 집에 있는 것을 편안해하는 아이 같아요.

## 2. 내원 사유

- 수학 과목을 싫어하고, 수학 공부를 안 하려고 해요.
- 친한 친구가 성적을 잘 받아도 경쟁의식을 느끼지 않고 느긋하기만 해요.
- 스포츠를 잘 못하고, 남자 친구들과 어울리지 못해요.

## 3. 재능과 잠재력

- 비언어 영역이 정상 범위이기는 하나, 언어 영역에 비해 40점 가까이 낮게 나타났어요.
- 수학 문제를 직관적으로 풀게 하기보다 구체적인 언어적 해설이 필요한 아이랍니다.
- 도형, 지도, 그래프와 같은 비언어적 지표들을 해석할 때 자세한 설명을 해 주세요.

## 4. 마음 이해하기

- 심리적으로 섬세하고, 감수성이 풍부하면서 공감 능력이 높은 아이 같아요.
- 침착하고 낙관적인 편이고, 경쟁보다는 협동을 선호하는 아이랍니다.
- 변화나 다양성은 좋아하지 않고, 끈기와 참을성이 부족한 편으로 보여요.

## 5. 부모-자녀 관계

- 아동의 행동에 대한 명확한 원인 파악이 되지 않을 때 막연한 불안이 커질 수 있어요.
- 어머니는 아동과의 관계에서 미흡한 측면에 집중하는 경향이 있어요.
- 자녀 양육에 있어 편안함이나 확신을 가지는 것도 필요하답니다.

# Solution

★ 수학 문제를 직관적으로 풀게 하기보다 구체적인 언어적 해설이 필요합니다.

★ 이공계보다 인문, 사회 분야로 진출할 때 노력 대비 성과가 좋을 수 있습니다.

★ 진로 선택에 있어서 두각을 나타낼 수 있는 전공이나 직업에 대한 안내가 필요합니다.

★ 언어적 의사소통 능력이 뛰어나고, 공감 능력이 높은 아이입니다.

★ 앞으로 성장하여 자기 주도적인 학습을 하는 것이 가능해질 때까지는 학업 수행에서 어느 정도 구조화를 해 주어야 합니다.

# 독특하게 생각하고 행동하는 우리 아이,
## 육아가 어려워요

**"인지 발달이 비범**해서 독특하게 생각하고
행동하는 것처럼 보일 수 있습니다."

 성장 과정을 알려 주세요

만 6세 2개월인 서윤이는 까다롭고 예민한 기질로, 어린 시절부터 작은 소음에도 새벽에 잠을 깰 정도로 민감하였고, 식사량이 적고 편식도 있어요. 지금도 밥이나 고기를 잘 먹지 않고 과일을 많이 먹어요. 입이 짧은 편이고 한 번에 많이 먹지 않아요. 햄버거 안에 고기를 갈아서 패티로 만들어 줄 때만 먹어요. 해산물은 가리지 않고 잘 먹어요. 어렸을 때 다른 아이들은 빠르면 백일 무렵부터 새벽에 한 번 정도만 깨고 통잠을 잔다고 들었는데, 우리 아이는 두 돌이 되어서야 밤에 깨지 않고 푹 자는 것이 가능해

졌어요. 아주 어릴 때는 눕히면 1시간이고 2시간이고 계속 울어서 혹시라도 무슨 일이 생길까 봐 엄마가 앉은 상태로 안아서 재운 적도 많았어요. 옷에 붙어 있는 라벨이나 원단의 촉감이 조금이라도 거칠다는 느낌이 들면 입지 않았고, 쇼핑몰처럼 사람이 많은 공간에서의 소음에 다른 사람들보다 유독 불편해했어요. 언어발달이 또래보다 빠른 편이었어요. 어렸을 때부터 깨어 있는 시간에는 끊임없이 질문을 하였어요. 운동신경이 민첩하지는 않았고, 밖에 나가서 운동하는 것도 좋아하지 않는 아이였어요. 주로 집에서 책을 많이 읽었고요. 집에 있는 서재에 아이 책이 정말 많거든요. 서재에서 가족끼리 독서할 때가 많은데, 주말에 야외로 데리고 나가지 않아도 심심해하지 않았어요.

 내원 사유는 무엇인가요?

서윤이는 초등학교 입학 후 얼마 지나지 않아 학교에 가기 싫다고 할 때가 많아졌어요. 학교 수업이 재미없고 지루하다고 해요. 집에서 자기가 읽고 싶은 책을 마음껏 보고 싶다면서 자기가 왜 학교에 가야 하는지 설명해 달라고 했어요. 정규교육 외에 수학, 과학 영재교육 기관에 다니고 있어요. 유치원에 다닐 무렵부터 선생님들이 남다른 편이라고 해서 테스트를 하러 갔었는데, 영재교육 기관 선생님들 말씀으로는 최상위 수준의 반에 충분히 들어갈 정도로 최고 점수에 가깝다는 말을 들었어요. 또래 친구들이 두 자릿수의 덧셈, 뺄셈과 같은 연산을 배우는 시기에 두세 자리 숫자 사칙연산을 암산으로 풀어서 학교에서 친구들이 천재라고 부른대요. 수학, 과학 영재 수업은 각각 일주일에 1회씩 가는데, 여기 갈 때는 즐겁게 수업을 듣는 것 같아요.

 ## 재능과 잠재력을 살펴보아요

한국 웩슬러 아동지능검사 5판(K-WISC-V)을 실시한 결과, 서윤이의 전체 지능은 매우 우수 수준으로 나타났어요. 엄격한 기준으로 영재교육 대상자를 판별하는 기준인 지능지수 130점 이상을 매우 우수 수준으로 볼 수 있으며, 전체 인구 중 이 범위에 해당하는 사람은 2% 정도예요. 서윤이는 영재 중에서도 비범하고 특별한 편으로 백분위 99.9 이상으로 나타났는데, 이 점수는 같은 나이의 아동 1,000명 중에서 1명 정도의 확률에 해당해요. 일반적으로 지능지수가 130 이상인 학생의 경우 영재교육 프로그램에 참여하는 것이 권장돼요. 자연스럽게 진도를 나가도 거의 모든 과목에서 실제 나이보다 2~3년 앞서는 진도의 선행 학습과 현행 진도의 심화 과정 문제도 수월하게 해낼 수 있는 아이 같아요.

초등학교 입학 후 얼마 시나시 않아 학교에 가기 싫다고 할 때가 많아진 것은 평균적인 아이들을 대상으로 하는 학교 수업에서 흥미가 유발되지 않고, 과제를 할 때도 동기 부여가 이루어지지 않기 때문인 것 같아요. 서윤이는 초등학교 저학년임에도 불구하고 수십 권에 달하는 과학 분야 전집을 스스로 찾아서 여러 차례 읽을 정도로 지적 호기심이 강하고, 학습 속도가 빠른 편이에요. 일반적인 수업 내용에서는 원하는 만큼의 자극이 부족할 수 있어요. 유치원 시설부터 현재까지 영재교육 기관의 소규모 수학, 과학 교실에서 즐겁게 참여하는 이유는 학습 속도가 비슷한 또래와 함께 담당 선생님의 집중적인 피드백을 받으면서 수업이 진행되기 때문이에요.

웩슬러 지능검사에는 다섯 가지 세부 지표가 있어요. 언어이해 지표는 매우 우수 수준으로, 평균적인 또래와 비교해 봤을 때 언어적 이해력이 탁월하게 뛰어나면서 언어적 표현력 또한 상당히 정교하고 정확한 편으로 보여요. 매우 우수 수준은 130점 이상의 범위로, 상위 2% 이내의 탁월한 수준의 발달을 보인다는 것을 의미해요.

시공간 지표도 매우 우수 수준으로, 시각적인 단서를 이용해 입체와 평면을 머릿속에 그려 보고 유추하는 시각화 능력이 탁월한 편으로 나타났어요.

유동추론 지표는 우수 수준으로, 비언어적 개념을 이해하고 패턴 간 관계를 추론하는 능력도 뛰어난 편으로 나타났어요. 우수 수준은 120~129점까지의 범위로, 상위 10% 이내에 해당한다는 의미예요. 기본 원리나 개념을 설명할 때 잘 알아듣고, 응용하는 것도 수월하게 해낼 수 있는 아이 같아요.

작업기억 지표는 매우 우수 수준으로, 주의를 집중하고 유지하는 능력도 뛰어난 편으로 나타났어요. 단순히 머릿속에 정보를 일시적으로 보유하는 것을 넘어서 머릿속의 정보를 능동적으로 조작하는 과정도 포함하는 능력을 말해요. 반 아이들이 지금 두 자릿수의 연산을 반복해서 연습하는 과정에 있지만, 서윤이는 복잡한 연산도 필기도구로 기록하지 않고 암산으로 풀 수 있다고 하셨죠. 아마 머릿속의 스케치북으로 비유되는 작업기억의 용량이 큰 것과 관련될 수 있어요.

처리속도 지표는 우수 수준으로, 정해진 시간 내에 신속하고 오류 없이 반응하는 능력도 높은 편으로 나타났어요.

서윤이는 관심 분야에 자발적으로 몰입하는 에너지가 강력한 아이 같아요. 호기심과 같은 에너지가 워낙 크기 때문에 어린 시절부터 다양한 주제에 대해 끊임없이 질문하는 모습이 나타났을 거예요. 하나의 주제에 빠지면 완전히 빠져들어서 전문가 수준이 될 정도로 과제 집착력이 큰 아이죠. 학교에서는 정규 수업 시간에 해내야 하는 과제 중심으로 공부해야 하는 한계 설정이 필요해요. 하지만 앞으로 성장하면서 지능 수준과 학습 속도가 유사한 또래와의 특별 프로그램을 병행하는 것을 추천합니다.

## 마음을 이해해 보아요

자의식이 강한 아이이기 때문에 부모나 교사가 합리적인 설명을 통해 아동을 이해시켜야 지시에 수긍할 수 있어요. 서윤이가 학교 수업이 재미없고 지루하다면서 학교에 가야 하는 이유를 설명해 달라고 할 때는, 초등학교 저학년이라고 생각하지 마시고 초등학교 고학년 이상의 아이로 여기면서 대화를 통해 설득하는 과정이 필요해요. 호불호가 뚜렷한 편이어서 좋고 싫음이 분명한 모습도 나타날 거예요.

서윤이는 자기의 미흡함을 보이려고 하지 않는 성향이 강하고, 스스로 설정한 목표나 기대 수준이 높아 부모의 기대와 같은 외부의 압력이 없는 환경에서도 완벽주의 성향이 나타날 수 있어요. 자신의 미흡한 모습을 부모에게도 보이려 하지 않기 때문에 혼자서 시행착오를 해 볼 수 있는 시간과 공간, 기회를 주는 것이 필요해요. 완벽하게 준비되지 않아도 시작할 수 있는 용기를 주고, 격려해 주어야 한다는 것도 기억해 주세요.

또한 객관적으로 설명될 수 있는 합리적인 주제를 선호하기에, 모호하거나 불확실한 상황에서는 편안함을 느끼기 어려울 것 같네요. 자기 뜻대로 하지 못하는 상황이 생길 때 불편한 감정을 불쑥 터트릴 수도 있고, 좌절감이 짜증이나 울음으로 나타나기도 하는 것 같아요. 아직 자신의 감정을 섬세하게 표현하는 데 서툴기 때문에 성장 과정에서 나타날 수 있는 모습으로, 지나친 우려는 하지 않으셔도 돼요.

서윤이는 까다롭고 예민한 기질의 아이예요. 어린 시절부터 작은 소음에도 새벽에 잠을 깰 정도로 민감하고, 식사량이 적고 편식도 있는 편이었어요. 옷에 붙어 있는 라벨이나 원단의 촉감이 조금이라도 거칠다는 느낌이 들면 입지 않았고요. 이는 지나친 감각 발달로 인한 것일 수 있어요. 하지만 오감이 민감한 측면은 대뇌 자극을 촉진하여 지능 발달이 강화된다는 가설도 존재해요. 또한 성장하면서 외부 자극을 견디는 힘이 점차 커질 수 있어요. 실제로 서윤이는 유년기에 비해 아동기에는 까다롭고 예민한 기질이 조절되는 모습이 나타나고 있어요. 어머니께서 생애 초기 수년 동안 아이를 섬세하게 보호하면서 키우셨던 노력이 반영된 것 같아요.

어머니는 친밀한 관계를 중요하게 생각하며, 아이와 정서적 유대가 깊고, 애착이 견고한 편이었어요. 서윤이의 이야기를 경청하면서 아이의 기분이나 태도를 세심하게 알아차릴 수 있을 거예요. 하지만 타인의 기대나 시선을 민감하게 의식하는 편이어서 피로도가 높을 수 있어요. 이따금 혼자만의 휴식 시간을 가지면서 아이에 대한 지나친 우려나 걱정은 내려놓는 것도 필요해요. 서윤이는 생각과 행동의 에너지가 높은 편이고, 열정과 신중함을 모두 가지고 있는 아이입니다. 내적으로 떠오르는 여러 생각과 감정 사이에서 균형을 잡아 가는 과정에 있으니 조금 더 편안한 마음으로 지켜보세요.

아버지는 예상치 못한 어려움이 있더라도 침착하고 낙관적으로 대응할 수 있는 분으로, 사소한 일에 쉽게 동요하지 않고 너그러운 편이었어요. 낯선 사람에게도 마음을 열고 편안히 다가가 주변의 호감을 불러일으킬 수 있으며, 타인의 반응을 민감하게 알아차리는 관찰력도 높았어요. 아이의 까다롭고 예민한 기질에도 특유의 낙천적인 마음과 유머러스함으로 밝고 유쾌하게 대했으며, 가족들과 다양한 경험을 함께 나누려는 노력을 일상에서 많이 하였어요. 아버지의 경우, 목표 지향적인 성향이 강해 어려운 상황에 직면해도 좌절하기보다 이를 도전이나 기회로 받아들이며, 주도적으로 대처하는 모습이 나타날 거예요. 다만, 적극적이고 실행력 있는 강점이 때에 따라서는 지나치게 경쟁적인 인상을 줄 수 있어요. 이럴 때면, 혹시 목표를 향해 너무 앞만 보고 달려가고 있지 않은지 한번 돌아보세요. 결과도 중요하지만, 과정을 통해 얻을 수 있는 성취감이나 즐거움도 존재합니다.

# SOLUTION | 솔루션

"인지 발달이 비범해서 독특하게 생각하고 행동하는 것처럼 보일 수 있습니다."

지능이 탁월하게 높은 경우, 같은 현상에 대해서도 복잡하고 정교한 사고를 하는 경향이 있습니다. 또래에 비해 독특하게 생각하고 행동하는 모습이 나타나 기도 합니다. 권위 대상인 부모나 교사의 말도 설득력이 없다고 생각하면 순응 하기보다 의문을 제기하는 경우가 많고, 스스로 수긍이 되지 않을 때는 규칙을 따르지 않기도 합니다. 부모님들이 면담에서 아이가 요구 사항이 많다, 유별나 다, 순응적이지 않다, 육아가 고단하다고 말하는 경우도 많습니다. "인지 발달이 평범하지 않고 비범해서 그럴 수 있습니다."라고 말씀드리면 지금까지 이해되지 않았던 아이의 다양한 특성들이 퍼즐처럼 맞춰진다는 이야기를 많이 듣습니다. 부모라고 해도 자녀에 대해 객관화하여 파악한다는 것은 어려운 일입니다. 그리 고 자녀에 대해 정확하게 이해하는 것이 잠재력을 개발하고 재능을 키워 주기 위한 첫 번째 단계입니다.

"도전적인 과제에 대한 적정한 분량의 학습을 제공해 주어야 합 니다."

서윤이의 경우, 개별화 맞춤형 교육을 통해 관심 있는 영역과 주제에 대해 스 스로 충분히 탐색할 수 있도록 교육 기회를 부여해 주어야 합니다. 도전적인 과세에 대한 적정한 분량의 학습을 제공해 주지 않으면, 단조롭고 지루하다고 느낄 수 있습니다. 기억력이 뛰어나고, 학습 속도가 빠르며, 단순한 과제를 여러 번 반복하는 학습을 싫어할 수 있습니다. 또래보다 과제 집착력이 강하고, 사고 속도가 빨라 일반 학생들과 어울리지 않을 수 있습니다. 또한 세상에는 다양한 사람들이 있다는 점과 각자 더 잘할 수 있는 부분이 있다는 점을 이해하도록 하는 것이 필요합니다.

## "학습 속도가 비슷한 또래와 특별 프로그램을 병행하는 것을 추천합니다."

서윤이는 관심 분야에 자발적으로 몰입하는 에너지가 강력한 아이입니다. 이와 같은 강력한 몰입은 영재성을 보이는 신호일 수 있습니다. 앞으로 성장하면서 자신만의 전문 분야에서 탁월한 성취를 할 수 있는 아이입니다. 학교에서는 정규 수업 시간에 해내야 하는 과제 중심으로 공부해야 하는 한계 설정이 필요합니다. 하지만 정규교육만 받게 하는 것보다는 학습 속도가 비슷한 또래와 특별 프로그램을 병행하는 것을 추천합니다. 수학, 과학 영재교육 기관에 다니는 것은 서윤이의 지능 수준에 맞는 합리적인 선택으로 생각됩니다. 앞으로도 원하는 수준의 지적 자극에 노출되기 위해서는 매우 뛰어난 인지 발달 수준에 맞는 커리큘럼을 가진 교육 기관에 다니는 등의 적극적인 학업 설계가 필요합니다.

## 1. 성장 과정

- 까다롭고 예민한 기질의 아이였어요.
- 언어 발달이 빠른 편이었고, 끊임없이 질문을 하였어요.
- 운동신경은 민첩하지 않고, 야외 활동도 좋아하지 않아요.

## 2. 내원 사유

- 초등학교 입학 후 얼마 지나지 않아 학교에 가기 싫다고 해요.
- 수학, 과학 영재교육 기관에서는 즐겁게 수업을 들어요.
- 학교 수업이 재미없고 지루하다면서, 학교에 가야 하는 이유를 설명해 달라고 해요.

## 3. 재능과 잠재력

- 1,000명 중에서 1명 정도의 확률에 해당하는 영재로 나타났어요.
- 지적 호기심이 강하고, 학습 속도가 빠른 아이예요.
- 지능 수준과 학습 속도가 유사한 또래와의 특별 프로그램을 추천해요.

## 4. 마음 이해하기

- 자의식이 강한 아이이고, 호불호가 뚜렷한 아이 같아요.
- 자기의 미흡함을 보이려고 하지 않는 성향이 높아 완벽주의 성향이 나타날 수 있어요.
- 때로는 불편한 감정을 불쑥 터트릴 수 있고, 좌절감이 짜증, 울음으로 표출될 수 있어요.

## 5. 부모-자녀 관계

- 까다롭고 예민한 기질의 아이를 섬세하게 보호하면서 키우셨던 것 같 아요.
- 오감이 민감한 측면은 대뇌 자극을 촉진한다는 가설도 존재해요.
- 유년기에 비해 까다롭고 예민한 기질이 조절되는 모습이 나타나고 있 어요.

### Solution

★ 인지 발달이 비범해서 독특하게 생각하고 행동하는 것 처럼 보일 수 있습니다.

★ 도전적인 과제에 대한 적절한 분량의 학습을 제공해 주 어야 합니다.

★ 학습 속도가 비슷한 또래와 특별 프로그램을 병행하는 것을 추천합니다.

# 초등학교 때 재능을 보인 스포츠를 중·고등학교 때도 계속 시키는 것이 좋을까요?

"조기에 발견한 재능과 치열한 노력이 시너지를 가져온 **스포츠 영재**입니다."

## 🌈 성장 과정을 알려 주세요

만 11세 9개월인 민수는 어릴 때부터 신체 발달이 뛰어났어요. 지금도 운동신경이 매우 좋은 편이에요. 돌 전에 걸었으며, 언어 발달도 빨랐어요. 낯선 환경에서는 초반에 적응하기 위한 시간이 필요한 아이였어요. 지금도 새로운 학년으로 올라갈 때 약간 힘들어하는 모습이 있는데, 일단 적응이 되면 즐겁게 학교생활을 잘하는 것 같아요. 아이가 진중하면서 유머도 있고, 멋있고 매력적인 아이예요. 친구들도 주변에 항상 많았고, 배려도 잘하는 편이에요. 운동을 시작하게 된 계기는, 유치원 무렵에 다양한 체험을 해 봤거든요. 그런데 일단 하게 되면, 체격도 좋고 운동신경도 뛰어난 아이라 자연스럽게 두각을 나타내서 집중적인 훈련을 시켜 보라는 권유를 많이 받았어요. 처음에는 어렸을 때 경험 삼아 시작한 것이었는데, 초등학교 내내 운동선수를 하게 되었네요.

 ### 내원 사유는 무엇인가요?

민수가 진로에 대해 고민이 많아요. 유치원 무렵에 취미 삼아 시작한 운동으로 인해 초등학교 내내 집중적인 훈련을 받았던 아이예요. 이제 더 이상 안 하고 싶다고 하지만, 객관적으로 잘하기 때문에 프로 선수로 키우는 것이 좋겠다는 이야기를 많이 들었어요. 체격 조건도 뛰어나고, 실력도 탁월하고, 지금 와서 그만두기에는 아깝다는 생각이 들어요. 민수는 중학생이 되면 더 이상 운동을 하고 싶지 않다고 하지만, 객관적으로 잘하거든요. 그동안 노력해서 쌓아 온 능력도 출중하고요. 팀 우승에 기여도가 높다는 이야기를 어릴 때부터 항상 들었어요. 경기에 나갈 때면 다른 팀에서 항상 주목할 정도로 두각을 나타내는 아이예요. 이제 중학생이 되면 공부할 것도 점점 더 많아져서 운동과 병행하기 어려울 것 같아 고민이 되는 것 같아요. 지금까지는 공부도 놓칠 수 없어서 스포츠 훈련을 하는 바쁜 일정을 소화하면서 학교 공부도 하고, 주말에 학원

도 다녔거든요. 그런데 아이가 언젠가부터 더 이상 운동을 안 하겠다고 하니 부모로서 정말 고민이 되네요. 중학교에 올라가고 고등학교에 가게 되면 초등학교 때보다 공부해야 할 내용도 점점 많아질 텐데, 진로 방향을 결정해서 고민을 털어 내고 싶어요.

 재능과 잠재력을 살펴보아요

한국 웩슬러 아동지능검사 5판(K-WISC-V)을 실시한 결과, 민수의 전체 지능은 우수 수준으로 나타났어요. 우수 수준은 120~129점까지의 범위로, 상위 10% 이내에 해당한답니다.

웩슬러 지능검사에는 다섯 가지 세부 지표가 있어요. 언어이해 지표에서는 평균 상(上) 수준으로, 언어적 이해력이 준수하고 언어적 표현 능력이 매끄러운 아이 같아요. 평균 상 수준은 110~119점까지의 범위로, 상위 25% 이내의 준수한 발달을 보인다는 것을 의미해요.

시공간 지표는 우수 수준으로, 시각적인 단서를 이용해 입체와 평면을 머릿속에 그려 보고 유추하는 시각화 능력이 뛰어난 편이었어요.

유동추론 지표는 평균 상(上) 수준으로, 비언어적 개념을 이해하고 패턴 간 관계를 추론하는 능력도 준수한 편이네요. 기본 원리나 개념을 설명할 때 잘 알아듣고, 응용하는 것을 수월하게 해 낼 수 있는 아이 같아요.

작업기억 지표는 매우 우수 수준에 근접하여 주의를 집중하고 유지하는 능력이 탁월한 편으로 나타났어요. 매우 우수 수준은 130점 이상의 범위로, 상위 2% 이내의 매우 뛰어난 발달을 보인 다는 것을 의미해요. 특히 시각적 자극에 대한 주의 집중력이 고도로 높았는데, 이는 민수가 해당 인지 영역이 우수하게 타고났을 뿐만 아니라 수년 동안 체계적인 스포츠 훈련을 집중적으로 하면서 후천적으로 발달이 더욱 촉진되었을 가능성을 시사해요.

처리속도 지표도 평균 상(上) 수준으로, 정해진 시간 내에 신속하고 오류 없이 반응하는 능력도 준수하게 나타났어요.

민수는 신체 발달이 뛰어나고 운동신경이 매우 좋을 뿐 아니라, 시각적 자극에 대한 주의 집중력이 평균적인 또래에 비해 월등하게 뛰어나기 때문에 팀플레이 스포츠 분야에서 두각을 나타냈던 것으로 보여요. 민수의 경우, 부모가 자녀의 재능을 조기에 발견해 주고 키워 준 특별한 행운에 더해 아이가 수년 동안 해 온 치열한 노력이 시너지를 가져왔던 것 같네요.

민수는 스포츠를 할 때 인내심과 끈기를 가지고 꾸준히 노력하는 목표 지향성 및 자기 통제력이 또래에 비해 월등하게 뛰어난 편으로 보여요. 자신이 몰입하고 집중하는 영역에서 두각을 나타낼 가능성이 높은 아이예요. 또한 성취동기가 강하고, 타인에게 자기의 능력을 보여 주고자 하는 인정욕구와 경쟁의식도 상당히 큰 편으로 나타났어요. 자신의 부족함을 보이지 않으려는 마음이 커서 시행착오 또한 성장을 위한 자양분으로 여기는 것이 필요할 것 같아요.

초등학교 내내 학교 수업, 스포츠 훈련, 숙제, 학원 일정이 촘촘하게 있어 신체적·심리적으로 소진될 우려가 있어 보여요. 불안이나 짜증과 같은 스트레스가 상승한 모습도 관찰되네요. 민수가 더 이상 운동을 하지 않고 싶다고 말하는 이유는 아마도 에너지가 고갈되어 동기 부여가 어려워졌기 때문인 것처럼 보여요. 스포츠 훈련에 집중하는 동안 하지 못해 본 삶의 다른 영역, 예를 들어 주변 친구들이 하는 일상적인 활동에 대해 경험해 보고 싶은 욕구가 청소년기에 진입할 무렵에 떠오른 상태 같아요.

최소한 일주일에 하루 정도는 압박이 없는 상태에서 휴식하거나 자발적으로 탐색해 보고 싶은 활동을 할 수 있는 시간적 여유가 필요해요. 각성과 이완을 담당하는 자율 신경계에 불균형이 발생하는 경우 소진이 초래될 수 있어요. 자율 신경계는 교감 신경계와 부교감 신경계도 구성되어 있으며, 섬세한 균형을 이루고 있어요. 교감 신경은 몸을 긴장과 각성 상태로 만들며, 반면 부교감 신경은 몸이 안정되도록 이완하는 역할을 해요. 즉, 항상 부담과 압박을 받는 상태가 유지되면 에너지가 고갈되고 의욕이 줄어들 수 있어요. 그러다 보면 실제로 재능이 있고 좋아하는 운동을 하고 싶은 마음이 사라질 수 있게 되죠.

## 부모-자녀 관계를 알아보아요

어머니와 민수의 관계를 살펴보면, 친밀감과 같은 애착, 의사소통과 경청, 다양한 일상 활동을 함께하는 정도, 자녀 양육에 대한 통제감이나 확신의 정도가 모두 준수한 편으로 나타났어요. 어머니가 일상적인 양육 상황에서 느끼는 좌절감이나 어려움도 높지 않았어요. 또한 아이의 잘못에 대처하는 규칙을 세우고, 이를 일관적으로 적용하는 행동도 적절한 편이었어요. 의사소통 및 관여 척도 점수가 평균 수준이면서 훈육 척도 점수가 평균 이상으로 나타난 것은 한계 설정이 분명하면서도 부모의 권위를 존중할 수 있는 양육 태도로 보여요. 이와 같은 어머니의 양육 태도가 민수가 성장하는 과정에서 자기 조절 능력이 강해질 수 있도록 해 주었던 것 같아요.

아버지는 다른 사람들과의 친밀한 관계를 통해 즐거움과 에너지를 얻는 분으로, 새로운 환경에 대한 호기심과 위험을 미리 점검하는 조심성을 두루 지니고 있어요. 가족들과 정서적 유대감이 강한 편으로, 기회가 될 때마다 많은 대화를 하면서 함께 시간을 보내는 것을 좋아하였어요. 아이와의 관계에서도 친밀감과 같은 애착, 의사소통과 경청, 다양한 일상 활동을 함께하는 정도가 모두 준수한 편으로 나타났어요. 어머니와 유사하게 자녀 양육에 대한 통제감이나 확신의 정도가 높았으며, 아이의 잘못에 대처하는 규칙을 세우고, 이를 일관적으로 적용하는 행동도 적절한 편이었어요. 민수가 어렸을 때부터 여러 가지 궁금한 점에 대해 질문을 하면, 아이의 눈높이에 맞는 용어를 사용하여 차근차근 친절하게 설명해 주셨어요. 최근에 아이가 고민하는 진로에 대해서도 성장하면서 거쳐야 하는 과정이라고 이야기하면서 이 시기에 치열하게 고민해 보는 것도 필요하다고 격려해 주셨어요.

## SOLUTION | 솔루션

"조기에 발견한 재능과 치열한 노력이 시너지를 가져온 스포츠 영재입니다."

민수는 중학교 진학 이후 정규 과정 학습에서도 꾸준한 노력을 한다면 준수한 성취를 할 것으로 생각됩니다. 특히 체격 조건과 같은 신체 발달이 매우 뛰어나고, 운동신경이 매우 좋을 뿐 아니라 시각적 주의력 및 집중력이 평균적인 또래에 비해 월등하게 뛰어나기 때문에 스포츠 분야에서 두각을 나타낼 수 있을 것으로 보입니다. 민수의 경우, 부모가 자녀의 재능을 조기에 발견해 주고 키워 주었을 뿐 아니라 아동이 수년 동안 해 온 치열한 노력이 시너지를 가져온 경우로 생각됩니다. 다만, 특정 스포츠 영역에서 집중적인 훈련을 받아 오는 동안 하지 못해 본 삶의 다른 영역에 대해 경험해 보고 탐색해 보고자 하는 욕구가 청소년기에 진입할 무렵 떠오른 것으로 보입니다.

"진로와 관련하여 스스로 선택하고 결정하는 기회가 많아져야 합니다."

민수는 자율성 발달이 낮게 나타나고 있어 앞으로 진로와 관련된 의사결정 과정에 아동을 적극적으로 참여시키고, 의견을 경청하고 존중하는 것이 필요합니다. 특히 청소년기에 진입하는 무렵부터는 일상에서나 진로와 관련하여 스스로 선택하고 결정하는 기회가 점차 많아져야 아동이 현재 자신의 일상에 대한 통제감이나 성취감이 강화될 것으로 생각됩니다. 자율성이 점차 발달하게 되면, 자기 주도적으로 결정한 진로에서 최선의 노력을 하면서 치열한 삶에 대해 가치 있다는 의미 부여를 할 수 있고, 자부심과 책임감을 느낄 수 있게 됩니다.

## "신체적·심리적으로 소진되면, 재능이 있고 좋아하는 활동에도 싫증을 느낄 수 있습니다."

민수는 초등학교 내내 학교 수업, 스포츠 훈련, 숙제, 학원 일정이 촘촘하게 짜여 있어 신체적·심리적으로 소진될 우려가 있어 보입니다. 불안이나 짜증과 같은 스트레스가 상승한 모습도 나타났습니다. 민수가 더 이상 운동을 하지 않고 싶다고 말하는 이유는 아마도 에너지가 고갈되어 동기 부여가 어려워졌기 때문일 것입니다. 최소한 일주일에 하루 정도는 압박이 없는 상태에서 휴식하거나 자발적으로 탐색해 보고 싶은 활동을 할 수 있는 시간적 여유가 필요합니다. 각성과 이완을 담당하는 자율 신경계에 불균형이 발생하는 경우에 소진이 초래됩니다. 자율 신경계는 교감 신경계와 부교감 신경계로 구성되어 있으며, 적절한 균형을 이루고 있습니다. 교감 신경은 몸을 긴장과 각성 상태로 만들며, 반면 부교감 신경은 몸이 안정되도록 이완하는 역할을 합니다. 즉, 항상 부담과 압박을 받는 상태가 유지되면, 에너지가 고갈되고 의욕이 줄어듭니다. 신체적·심리적으로 소진되면, 재능이 있고 좋아하는 활동에도 싫증을 느낄 수 있습니다.

## 1. 성장 과정

- 신체 발달이 매우 뛰어나고, 운동신경이 매우 좋은 편이었어요.
- 진중하면서 유머도 있고, 멋있고 매력적인 아이예요.
- 체격이 좋고 재능도 있어 초등학교 내내 운동선수로 집중적인 훈련을 받았어요.

## 2. 내원 사유

- 객관적으로 스포츠를 잘하고, 항상 주목받고, 팀 내에서 두각을 나타냈어요.
- 아이가 더 이상 운동을 안 하고 싶다고 해요.
- 중학교 입학을 앞두고 진로 방향을 결정하고 싶어요.

## 3. 재능과 잠재력

- 인지 발달은 뛰어난 편이며, 시각적 자극에 대한 주의 집중력이 고도로 높았어요.
- 체계적인 스포츠 훈련을 집중적으로 하면서 해당 영역의 발달이 더욱 촉진되었네요.
- 두뇌 발달에서도 팀플레이 스포츠를 할 때 유리한 인지적 강점이 관찰되고 있어요.

## 4. 마음 이해하기

· 성취동기가 강하고, 인정욕구와 경쟁의식도 상당히 높은 아이 같아요.

· 불안이나 짜증과 같은 스트레스가 상승한 모습이 관찰되네요.

· 항상 부담과 압박을 받는 상태가 유지되면, 에너지가 고갈되고, 의욕이 줄어들어요.

## 5. 부모-자녀 관계

· 의사소통 및 관여를 적절하게 유지하면서 일관적인 훈육도 잘하셨네요.

· 한계 설정이 분명하면서도 부모의 권위를 존중할 수 있는 양육 태도로 보여요.

· 아이가 성장하는 과정에서 자기 조절 능력이 강해질 수 있도록 해 주었던 것 같아요.

## Solution

★ 조기에 발견한 재능과 치열한 노력이 시너지를 가져온 스포츠 영재입니다.

★ 진로와 관련하여 스스로 선택하고 결정하는 기회가 많아져야 합니다.

★ 자율성이 발달하게 되면, 자기 주도적으로 결정한 진로에서 의미를 발견할 수 있습니다.

★ 신체적·심리적으로 소진되면, 재능이 있고 좋아하는 활동에도 싫증을 느낄 수 있습니다.

# 어린 시절부터 다재다능한 아이,
# 어떤 진로를 선택하면 좋을까요?

"창의력을 활용할 수 있는
자유롭고 독창적인 분야를 추천합니다."

 성장 과정을 알려 주세요

만 10세 7개월인 하진이의 신체 발달은 또래와 비슷한 정도였고, 언어 발달은 빠른 편이었어요. 집안에 사촌이나 친척들이 많고 교류를 많이 하는 환경이어서 자랄 때부터 언어 노출이 많은 환경에 있었어요. 어렸을 때부터 피아노와 미술을 꾸준히 하였으며, 다양한 스포츠를 해 왔어요. 하키, 축구, 수영, 테니스 등의 수업을 들으면 잘 따라가는 편이었고, 다재다능한 아이라는 이야기를 많이 들었어요. 수업 시간에 두각을 나타낸 적이 많아 객관적으로 봐도 잘하는 아이라고 생각했어요. 부모 모두 아이의 교육에 관심이 많은 편이고, 아이가 곧잘 하는 편이니까 더 많이 시켰던 것 같기도 해요. 공손하고, 부모의 말에 대부분 순응하여 이제까지 갈등이나 충돌이 생겼던 적이 없어요. 친구들이나 친척들을 만날 때도 반듯하고 예의 바르다는 이야기를 많이 들었어요. 부모 모두 아이를 무척 사랑하지만, 보수적이고 엄격한 편이어서 애정 표현을 자주 하지는 못했어요.

 내원 사유는 무엇인가요?

하진이는 어린 시절부터 여러 가지를 가르쳐 봤는데 곧잘 따라오고, 객관적으로 잘하기도 했어요. 다재다능한 아이, 어떤 진로를 선택하면 좋을지 전문가의 조언을 듣고 싶어서 오게 되었어요. 또한 교우 관계나 사람을 대하는 아이의 태도가 공손하고 예의 바르지만, 표현하지 못하는 스트레스가 있는지 알아보고 싶어요. 이따금 아이답지 않고 어른 같다는 생각이 들 때가 있어서요. 아이의 건강한 발달과 성장에 유익하기만 할 것 같지는 않아서 부모가 양육 태도에서 어떤 노력을 해야 하고, 부족한 부분이 있다면 어떻게 보완하면 될지 객관적인 의견을 들어 보고 싶어요. 최근에 경각심을 가지게 되었다고 할까, 아이와의 관계를 돌아보게 된 계기가 있었거든요. 어느 날 아이가 농담 반, 진담 반으로 "친구들이 내가 엄마한테 전화하는 모습을 보고 과외 선생님이랑 통화하냐고 물어봤어요. 존댓말을 하면서 깍듯하게 대하니까 엄마랑 안 친하냐고 물어봐서 엄마랑 관계에 문제없다고 말해 줬어요."라고 말하더라고요. 가족들의 사랑을 많이 받으면서 자란 아이이고 엄마와도 유대관계도 이만하면 괜찮은 편이라고 스스로 생각했었는데, 그 말을 듣고 아이 앞에서 내색은 안 했지만 속으로 무척 당황했어요.

 ## 재능과 잠재력을 살펴보아요

한국 웩슬러 아동지능검사 5판(K-WISC-V)을 실시한 결과, 하진이의 전체 지능은 우수 수준으로 뛰어난 편이었어요. 우수 수준은 120~129점까지의 범위로, 상위 10% 이내에 해당한다는 의미예요.

웩슬러 지능검사에는 다섯 가지 세부 지표가 있어요. 인지 발달이 양호한 편이며, 세부 지표 모두에서 우수~평균 상 수준으로 균형적인 발달을 하고 있어 향후 어떤 분야로 진출해도 노력 대비 성과가 좋을 가능성이 관찰되네요. 진로 및 적성을 고려하여 전공이나 직업 선택을 해야 할 것 같아요.

언어이해 지표에서 우수 수준의 수행을 하고 있어 언어적 이해력이 높으면서 언어적 표현 능력이 성교하고 정확한 아이네요.

시공간 지표도 우수 수준으로, 시각적인 단서를 이용해 입체와 평면을 머릿속에 그려 보고 유추하는 시각화 능력이 평균적인 또래보다 높게 나타났어요.

유동추론 지표도 우수 수준으로, 비언어적 개념을 이해하고 패턴 간 관계를 추론하는 능력도 탁월한 편이네요. 기본 원리나 개념을 설명할 때 잘 알아듣고, 응용하는 것을 수월하게 해낼 수 있는 아이 같아요.

작업기억 지표는 평균 상(上) 수준으로, 주의를 집중하고 유지하는 능력도 준수한 편으로 나타났어요. 평균 상 수준은 110~119점까지의 범위로, 상위 25% 이내의 준수한 발달을 보인다는 것을 의미해요. 단순히 머릿속에 정보를 일시적으로 보유하는 것을 넘어서 머릿속의 정보를 능동적으로 조작하는 과정도 포함하는 능력이에요.

처리속도 지표도 평균 상(上) 수준으로, 정해진 시간 내에 신속하고 오류 없이 반응하는 능력도 준수하게 나타났어요. 학습 효율이 뛰어난 아이여서 비슷한 유형의 문제를 반복해서 풀어야 하는 학습은 단조롭다고 느낄 수 있어요. 공부할 때 대화, 토론, 발표와 같은 양방향 의사소통을 주도적으로 하는 적극적인 학습 환경에서 동기 부여가 촉진될 아이 같아요.

### ☕ 마음을 이해해 보아요

하진이는 가정 내에 특별한 불화나 갈등이 있지는 않지만, 부모님과 친밀한 관계가 부족하다고 생각하고 있네요. 여러 분야에서 다재다능한 아이지만, 스스로 보고한 자존감은 낮게 나타났어요. 가정 내에서 아동이 부모의 말에 순응하는 태도만 보이기보다는 자기 의견을 말하고, 때에 따라서 불편한 일은 하고 싶지 않다는 말을 해도 부모가 이를 허용한다는 경험을 해 보아야 해요. 긍정적인 감정만 소통하고, 불편한 감정을 이야기하면 수용되지 않는 분위기에서는 부모와 정서적 교감이 어려울 수 있어요.

하진이는 호기심과 에너지가 많은 편으로, 하고 싶은 것도 많으면서 다양한 분야를 활발하게 탐색할 수 있는 아이 같아요. 더불어 무모하게 행동하지 않는 조심성 또한 가지고 있어요. 새로운 상황에 도전할 수 있는 용기도 있지만, 다른 사람들보다 잠재적인 위험도 민감하게 탐지하는 편으로 보여요. 때로는 자기 뜻대로 되지 않는 상황에서 불편한 감정이 생길 수 있어요. 하지만 참을성이 강한 편으로, 힘들거나 스트레스를 받는 상황에서도 견디고 버티기 위해 애를 쓸 수 있어요.

아이가 별다른 문제를 일으키지 않는다고 해서 그냥 두는 것이 아니라, 평소 아이를 세심하게 관찰하여 아이가 드러내지 못하는 어려움은 없는지 살필 필요가 있어요. 아이가 자신의 감정을 자연스럽게 표현할 수 있도록 도와주어야 해요. 마음대로 되지 않거나 불편할 때, 이를 표현해도 괜찮다는 것을 알 수 있도록 해 주어야 해요. 표현하지 못한 스트레스가 누적되면, 아이의 건강한 발달과 성장에 해로운 영향을 줄 수 있어요.

## 부모-자녀 관계를 알아보아요

부모님 두 분 모두 감정을 절제하고 성취 지향적인 분이었어요. 하진이가 어렸을 때부터 다양한 교육적 기회를 주고, 진로에 대해서도 적극적으로 알아보면서 아이의 재능을 꽃피울 수 있는 최적의 성장 환경을 조성해 주려고 애써 오셨어요. 다만, 그 과정에서 단호하고 일관적인 훈육은 하였지만, 부드러운 대화나 친절한 태도는 적었을 수 있어요. 하진이가 새로운 시도를 하려고 할 때 우려하는 모습을 보이거나 비판적인 태도로 대하지 않도록 조심하세요. 자녀에게 애정과 믿음이 전달되는 따뜻한 말투와 표정으로 격려해 주고, 응원해 주어야 해요.

부모가 사회적으로 높은 성취를 하였을 경우, 자녀는 이를 능가해야 한다는 심리적 부담을 갖게 되는 경우가 많아요. 이를 세심하게 고려하여 아이를 대하는 것이 필요하다는 것을 기억해 주세요. 하진이가 대인 관계에서 공손하고 순응적인 태도를 보이지만, 또래 아이들과 비교해 봤을 때 불편한 감정을 속으로 많이 참고 있는 것으로 나타났는데, 이는 지나치게 엄격한 가정 내 분위기와 관련이 있을 수 있어요. 아이가 부모의 지시대로만 행동하기보다 자기 의견을 말하고, 불편한 일은 때에 따라서 하고 싶지 않다는 말을 해도 부모가 이를 허용하는 경험을 해 보는 것이 필요합니다.

## SOLUTION | 솔루션

**"자신의 감정을 자연스럽게 표현할 수 있도록 도와주어야 합니다."**

아이가 별다른 문제를 일으키지 않는다고 해서 그냥 두는 것이 아니라, 평소 아이를 세심하게 관찰하여 아이가 드러내지 못하는 어려움은 없는지 살필 필요가 있습니다. 아이가 자신의 감정을 자연스럽게 표현할 수 있도록 도와주어야 합니다. 마음대로 되지 않거나 불편할 때, 이를 표현해도 괜찮다고 자연스럽게 알려 주세요. 가정 내에서 아동이 부모의 말에 순응하는 태도만 보이기보다 적절하게 자기 의견을 말하고, 때에 따라서 불편한 일은 하고 싶지 않다는 말을 해도 부모가 이를 허용한다는 경험을 해 보아야 합니다. 긍정적인 감정만 소통하고, 불편한 감정을 이야기하면 수용되지 않는 분위기에서는 부모와 정서적 교감이 어렵습니다. 진정한 내 편이라는 생각도 들지 않고, 친밀한 감정도 싹트지 못합니다. 무엇보다도 표현하지 못한 스트레스가 누적되면, 아이의 건강한 발달과 성장에 해로운 영향을 줄 수 있습니다.

**"창의력을 활용할 수 있는 자유롭고 독창적인 분야를 추천합니다."**

진로 및 적성을 살펴보면, 하진이는 예술적이고 미적인 감수성과 상상력, 창의력이 풍부하며, 자유롭고 독창적인 분야가 적성에 부합할 것으로 보입니다. 변화와 다양성을 좋아하고, 직관력이 뛰어나며, 평범한 것보다는 개성 있는 것을 좋아할 것으로 여겨집니다. 한편으로는, 정해진 원칙과 계획에 따라 체계적으로 일하기를 선호하는 경향도 있습니다. 하진이는 어린 시절부터 체계적인 음악, 미술 교육을 오래 받아 왔으며, 스스로 즐기기도 하고 객관적으로 재능도 있다는 피드백을 받아 온 아이입니다. 또한 고전 영화를 좋아하여 즐겨 보는 영화의 리스트가 있는데, 좋아하는 영화는 여러 번 보면서 대사나 장면을 거의 다 외울 정도로 뚜렷한 선호도를 보이고 있습니다. 진로 및 적성 검사 결과에서도 응용예술 분야의 디자인, 산업예술 혹은 종합예술인 영화, 방송 관련 분야가 적성과 일치한다는 결과가 나왔습니다. 면담에서도 향후 영화감독 혹은 뮤지컬 감독이 되고 싶다고 하였는데, 이는 하진이에게 적합한 선택으로 생각됩니다.

**"학습 과정에서 세부 내용에 대한 자세한 설명보다는 주요한 핵심 개념들에 대해 직관적으로 간략하게 설명해 주는 것이 효과적입니다."**

하진이는 정적인 교실 공간보다는 자유롭게 움직일 수 있는 학습 공간을 더 좋아하는 편입니다. 주입식·설명식 수업을 싫어하며, 새롭고 다양한 자극이 있는 수업을 원하는 경향이 있습니다. 어렸을 때부터 피아노와 미술을 꾸준히 하였으며 하키, 축구, 수영, 테니스 등 다양한 스포츠 수업을 잘 따라갔던 성장 이력과도 일치하는 소견입니다. 또한 논리적·분석적이기보다는 감정적·직관적 판단을 잘할 가능성이 높습니다. 학습 과정에서 세부 내용에 대한 자세한 설명보다는 주요한 핵심 개념들에 대해 직관적이고 간략하게 설명해 주는 것이 효과적입니다.

## 1. 성장 과정

- 신체 발달은 또래와 비슷한 정도였고, 언어 발달은 빠른 편이었어요.
- 어렸을 때부터 다양한 예체능 수업을 들어 왔고, 두각을 나타냈어요.
- 공손하고 순응적인 아이로, 반듯하고 예의 바르다는 이야기를 많이 들었어요.

## 2. 내원 사유

- 다재다능한 아이, 어떤 진로를 선택하면 좋을까요?
- 이따금 아이답지 않고, 어른 같다는 생각이 들 때가 있어요.
- 부모가 양육 태도에서 부족한 부분이 있다면 어떻게 보완하면 될까요?

## 3. 재능과 잠재력

- 전반적인 지능은 뛰어난 편이며, 세부 영역 모두에서 균형적인 발달을 하고 있어요.
- 향후 어떤 분야로 진출해도 노력 대비 성과가 좋을 가능성이 관찰되네요.
- 진로 및 적성을 고려하여 전공이나 직업 선택을 해야 할 것 같아요.

## 4. 마음 이해하기

- 가정 내에서 특별한 불화나 갈등은 없지만, 친밀한 관계가 부족해 보여요.

· 긍정적인 감정만 소통하게 되면 부모와 정서적 교감이 어려울 수 있어요.

· 순응적인 태도만 보이기보다 자기 의견을 말해 보는 기회가 필요해요.

## 5. 부모-자녀 관계

· 부모님 모두 감정을 절제하고, 성취 지향적인 분으로 보여요.

· 단호하고 일관적인 훈육은 하였지만, 부드러운 대화나 친절한 태도는 적었을 수 있어요.

· 공손하고 순응적인 아이지만, 불편한 감정을 속으로 많이 참고 있네요.

### Solution

★ 자신의 감정을 자연스럽게 표현할 수 있도록 도와주어야 합니다.

★ 불편할 때, 이를 표현해도 괜찮다고 자연스럽게 알려 주세요.

★ 창의력을 활용할 수 있는 자유롭고 독창적인 분야를 추천합니다

★ 학습 과정에서 세부 내용에 대한 자세한 설명보다는 주요한 핵심 개념들에 대해 직관적으로 간략하게 설명해 주는 것이 효과적입니다.

## 저자 소개

오미영 (Mi-Young, Oh)


현) 닥터스 심리아카데미 대표원장

학력 | 고려대학교 대학원 심리학과 졸업(박사, 임상 및 상담심리학 전공)
이화여자대학교 대학원 심리학과 졸업(석사)
이화여자대학교 심리학과 졸업(학사)

자격 | 한국심리학회 임상심리전문가
보건복지부 정신건강임상심리사 1급

경력 | 삼성서울병원 정신건강의학과 임상심리 레지던트 수료
한양대학교 병원 정신건강의학과 연구교수 및 임상심리 수련
감독자 역임
DSM-5 장애에 대한 구조화된 임상적 면담(SCID-5) 시리즈 대
표역자
한국 웩슬러 지능검사 워크숍 강사

학회 활동 | 한국심리학회 정회원
한국임상심리학회 전문회원

내 아이의 재능을 키워 주는
부모들의 특급 비밀

# 내 아이 설명서

2023년 9월 15일 1판 1쇄 인쇄
2023년 9월 20일 1판 1쇄 발행

지은이 • 오미영
펴낸이 • 김진환
펴낸곳 • (주) **학지사**
　　　　04031 서울특별시 마포구 양화로 15길 20 마인드월드빌딩
대표전화 • 02)330-5114　　　팩스 • 02)324-2345
등록번호 • 제313-2006-000265호

홈페이지 • http://www.hakjisa.co.kr
인스타그램 • https://www.instagram.com/hakjisabook/

ISBN 978-89-997-2985-0　03180

정가 13,000원

저자와의 협약으로 인지는 생략합니다.
파본은 구입처에서 교환해 드립니다.

출판미디어기업 **학지사**

간호보건의학출판 **학지사메디컬** www.hakjisamd.co.kr
심리검사연구소 **인싸이트** www.inpsyt.co.kr
학술논문서비스 **뉴논문** www.newnonmun.com
교육연수원 **카운피아** www.counpia.com